사랑하는 아내, 김문자님께 이 책을 드린다

남남갈등의 한국정치

남남(南南)갈등의 한국정치
- 어느 정치학자의 80년 회고

유세희 지음

글통

[머릿말]

'허허... 학문의 냄새라니'

정치학자로 살아온 삶을 되돌아본다

사람의 운명은 자신이 자각하거나 자각하지 못한 일이 켜켜이 쌓여 조형(造形)된다. 평생을 정치학자로 살아온 삶을 돌아보니 미국 컬럼비아대학교의 유학이 그 갈림길이었음이 느껴진다.

나는 컬럼비아대학교로부터 은혜를 입었다. 장학금을 주어 무료로 공부할 수 있게 한 데 더하여 학문이 어떤 것인지를 일깨워주고 학문하는 방법을 가르쳐 주었다. '학문의 냄새'란 이런 것이라는 느낌도 주었다.

'학문의 냄새'라니, 무슨 말일까? 뉴욕 브로드웨이 116번가의 컬럼비아대학교 정문으로 들어서면 정면에 대학 광장이 있고 왼편에 학문의 여신상이 있다. 오른편에는 대학을 키운 버틀러를 기념하는 버틀러도서관(Butler Library)이 있다.

수백만 권의 장서가 있는 버틀러도서관에서 나는 엘리베이터를 타고 지하 깊숙이 내려가 보았다. 그곳에서 오래된 책 하나를 꺼내 표지를 열자마자 콧속으로 매캐한 냄새가 훅 들어왔다.

처음엔 오래된 책의 곰팡이 냄새 같았고, 조금 생각해보니 캘리포니아의 유명한 화이트와인 스털링 Sterling의 향기와 느낌이 비슷했다. 그 묘한 냄새에서 이런 생각이 스쳤다.

'이거구나! 이게 학문의 냄새구나! 허허, 학문의 냄새라니!'

나는 그 향기를 컬럼비아대학교에서 맡은 학문의 냄새로 평생 생각해오고 있다. 엄청난 규모의 지하 서고에서 올라오는 냄새! 오래된 책마다 풍기는 쿵쿵한 그

향기가 좋았다. 그 서고에 내려가 사람이 별로 없는 구석진 책꽂이에서 오래된 책들, 특히 한국을 비롯해 동아시아 관련 서적들을 뒤져보는 일이 잦았다.

단주(旦洲) 유림(柳林)선생에 대한 추억

나는 1946년, 해방 1주년을 맞은 나라에서 초등학교에 입학했으며 한글 교과서로 처음 교육받은 1세대였다. 청소년기는 경기중학교와 경기고에서 보냈는데 고교 친구들과의 우정은 내 삶의 든든한 안받침이 되었다.

소년시절을 돌아보면 가치관과 세계관 형성에 가장 큰 영향을 주신 분은 나의 종조부인 단주 유림 선생이었다. 대학의 '정치학과'를 택한 것도 그분의 영향 때문이었다고 말할 수 있다.

서울대 정치학과를 다니던 중에 만난 4·19의 태풍은 나의 인생을 크게 바꿔 놓았다. 나는 학내 서클 '신진회'의 일원으로 서울대 문리대 학생선언문 작성의 책임을 맡기도 하였고, 4·19 이후에는 남북학생회담을 추진한 민주통일연맹 지도부의 일원으로 활동하기도 하였다.

4·19로 시작된 '민주화의 봄'은 오래가지 못했고, 5·16으로 인해 장면 정부는 무너지고 박정희 군사정권이 수립되었다. 그 격변의 시기에 나는 감당하기 어려운 '역사의 아이러니'를 맛보았다.

나의 종숙 유원식 대령(그는 유림 선생의 아들이다)은 나를 불러 5·16 쿠데타에 대한 사전 계획을 밝혔다. 쿠데타를 준비하던 지휘부의 군인이 학생운동의 핵심 그룹에서 활동하던 대학생을 만나 군사 쿠데타를 운운했고 이 때문에 논쟁까지 벌어졌다. 거의 알려지지 않은 세상사의 이면(裏面)이다.

5·16 이후 대학생들이 줄줄이 잡혀갔고 나도 예외는 아니었으나 친구들에 비해 일찍 나왔다. 유원식 대령이 손을 썼기 때문이다. 나는 친구들에 대한 '마음의 빚'을 안고 컬럼비아대학교로 유학을 떠났다. 60년대에 미국 유학길에 오르는 게 쉬운 일은 아니었으나 학비 면제를 받고 장학금을 받았기 때문에 유학이 가능했다.

장학금은 뉴욕의 한 재력가 할머니의 주머니에서 나온 것이었다. 그분은 동양의 가난한 학생들을 위해 선뜻 장학금을 내주었다. 나를 비롯해 장학금 혜택을 받은 학생들은 센트럴파크가 보이는 고급 아파트에서 저녁식사를 함께 하기도 했다. 오래 전의 일이지만 지금도 기억이 선연하며, 이 기회에 컬럼비아 대학교에 감사를 드리고 싶다.

장학금을 받기는 했으나 유학생활이 쉽지는 않았다. 그 어렵던 유학생 시절, 아내가 벌어 나를 먹여 살리다시피 했으니 그 때나 지금이나 나는 아내를 향한 감사의 마음을 평생 잊을 수 없다.

컬럼비아대학교 정치학과에서 비교정치, 민주주의와 정치발전 등의 학문의 기초를 닦았다. 60년대 당시 농민운동과 농민혁명은 발전도상 국가들의 내정과 동학(dynamics)에서 주된 관심사였고 비교정치의 연구대상이었다. 나의 박사학위 논문 〈일제 강점기 공산주의 계열의 농민운동〉도 60년대의 문제의식을 반영한 것이었다. 다른 하나 비교정치에서 중요하게 다뤄진 분야는 공산권 국가들에 관한 연구였다.

이 학문적 배경이 나의 연구방향에 영향을 주었다. 정치학자로서 한 평생 한국의 민주주의와 정치발전, 중국·구소련을 비롯한 사회주의국가들의 정치에 관심을 기울인 것을 돌아보니 참으로 할 말이 많은데, 그나마 이 책에 한국정치와 민주주의, 남남갈등의 뿌리를 어느 정도 담을 수 있었다.

나는 유학을 마치고 한국으로 돌아와 한양대학교 정치외교학과 교수가 되었고 좋은 제자들을 길러냈다. 한양대학교에 재직하면서 30년 가까이 '중소(中蘇)연구소' 소장으로 활동하였고 한·중관계와 한·소관계의 개선에 공을 들였으며, 중국과 구소련의 학자들 뿐 아니라 정부인사 등과도 광범위한 교류를 가졌다. 나는 한중수교의 공로로 노태우 대통령으로부터 훈장을 받았고 이로써 오랜 공력의 보람을 느낄 수 있었다.

한양대학교에서 정년을 한 후 시민단체 '북한민주화 네트워크' 관계자들이 나에게 이사장을 맡아달라고 요청했고 나는 이 제안을 수락했다. '훗날 통일이 되면 무슨 얼굴로 북한 주민들을 대할 수 있을까' 하는 내면의 소리 때문이었다. 나는 시민단체를 이끄는 과정에서 북한 인권의 개선에 노력하였고, 브뤼셀에 있는 EU

의회에서 연설하기도 하였다.

당시 브뤼셀까지 쫓아와서 나의 활동을 방해한 주사파들이 있었는데 이를 보고 나는 참담한 심정을 가눌 수 없었다. 이후, '김영환석방대책위원회'에 참여하기도 했으며, 보수 시민단체에서의 활동으로 인하여 '보수인사'로 낙인찍히기도 하였다. 그러나 이 책에서는 나의 '중도적 지향'을 확인할 수 있을 것이다.

정치학자로서의 소임, 격동의 한국 정치를 살아온 일원으로서의 소회가 이 책을 쓰게 된 동인(動因)이다. 이 책은 격동의 세월을 헤쳐 온 한국정치사에 대한 기록이자, 그 시절을 몸으로 겪어 온 정치학자의 회고이다. 때때로 격한 마음이 들기도 했지만 가급적 담담한 기조를 유지하려고 했다.

대학 강단에서 사회과학방법론을 가르치며 객관성(客觀性)에 도달하기 어려운 점을 감안하여 간주관성(間主觀性)의 필요성을 강조하기도 했지만, 막상 정치분석을 하다보면 그조차도 쉬운 일은 아니었다.

책의 서술체계와 방법이 자유롭다

 이 책은 학술저작에 익숙한 사람들에게는 다소 생경한 서술체계와 방법으로 집필되었다. 우선 6.25 전쟁, 4·19, 5·16 등 중요 사건을 비사와 스토리텔링으로 접근한 대목에서 알 수 있듯이 개인 경험이 많이 투영되어 있다.
 챕터마다 서술체계와 방법이 달라서 어떤 대목은 마치 소설처럼 개인의 경험을 밀고 나갔는가 하면 어떤 챕터는 논리와 주장으로 일관하기도 하였다.
 책을 통사적으로 구성하지 않았는데, 이를테면 한국 정치사를 다룬 책이라면 꼭 있을 법한 '87년 체제'를 다루지 않았다. 노무현, 이명박, 김영삼, 문재인 등 몇몇 대통령에 대해서는 거의 언급 없이 지나갔다.

 김대중 대통령은 짧게 다루기는 했으나 그의 3단계 통일방안, 6·15 남북공동선언 등 중요한 소재를 다루지 않았다. 나는 오랫동안 한양대학교 중소연구소 소장이었지만 이 책에서 중국 문제와 러시아 문제도 거의 다루지 않았고, 간략한 언급에 그쳤을 뿐이다.
 이 책에서 모든 사안을 포괄적으로 다루려고 했다면 교과서적 편제에서 벗어나기 어려웠을 것이고, 아마

벽돌 책 두 권 분량으로도 끝을 내지 못했을 것 같다. 책에서는 구색을 맞추려고 여백 없이 모든 틈을 채우려 하지 않았다. 목차별로 균형 있게 분량을 배분하지도 않아서 어떤 챕터는 짧고 어떤 챕터는 상당히 길다.

학술적 관행과 형식미에 집착하다 보면 자칫 알맹이 없는 책이 될 우려가 있어서였다. 과감한 단순화가 읽은 이들에게 어떻게 비춰질지 나로서도 궁금증이 남는다. 이념과 생각의 보수성 또는 진보성의 그늘 안에서 각자 다르게 살아온 혹은 살고 있는 사람들이 이 책이라는 '거울'을 통해 자신을 비쳐보면 좋겠다.

이러한 생각에서 '모든 항목을 다 꼼꼼히 채우지 않아도 되겠다'는 과단성을 갖게 되었다. 후학들이 이 책에서 학술적인 성과를 기대하기 보다는 내가 쓴 '80년 한국정치사의 드라마'로 읽어주면 좋을 것 같다. 이것은 이 책의 약점이기도 하고 강점이기도 한데, 어떤 평가와 비판이 있더라도 오롯이 필자가 감내할 몫이라고 생각한다.

책을 쓰기 시작하면서 웅장한 오케스트라의 교향곡처럼 구상해보기도 했지만 막상 쓰고 보니 실내악 4중주를 연주한 느낌이다. 그나마 당초 생각을 그런대로 밝힌 것 같아 위안이 되고, 다만 집필을 조금 일찍 시작할 걸, 하는 아쉬움은 남는다.

살아있는, 생생한 책이 많이 나오길…

우리의 80년 정치사에서 되도록 살아있는 이야기를 남기고 싶었다. 아무리 고통스러운 역사적 체험이어도 생생하게 드러낼 때만이 치유와 희망의 길이 열린다고 생각한다.

이 책에서 처음 밝힌 새로운 이야기들이 있다. 단주 유림 선생과 그의 아들 유원식 대령을 둘러싼 이야기로 이는 그동안 묻혀 있던 것을 세상 밖으로 끄집어낸 것이다. 4·19 이후의 서울대학교 민족통일연맹 사건도 중요성에 비추어 역사연구자들의 주목을 별반 받지 못한 것이다.

5·16 직전에 쿠데타를 준비하던 주역이 남북학생회담을 추진하던 4·19의 주도자를 만나 논쟁한 것도 현대사의 드라마라 할 수 있다. 젊은이들이 이 책을 읽으

면 이 대목에서 조금 놀랄 수 있을 것이다. 이 책의 몇몇 대목은 새로운 시각으로 다시 읽히고 재해석되었으면 하는 희망을 갖고 있다.

책에서 나의 경험을 상세히 언급한 것은 다른 이들도 이러한 자기 해석과 개방을 통하여 깊이 있는 저술을 많이 남기기를 바라는 마음 때문이었다. 누군가가 '그 나이에 굳이 이러한 자전적 역사해석을 남겨야 할 필연성이 있느냐'고 나에게 묻는다면 '이 나이이기 때문에 어려움을 무릅쓰고, 주변의 만류에도 무릅쓰고 책을 남기려고 하였다'고 답하련다.

한국정치학회 회장으로 일할 때 나는 우리나라 학자들이 자신의 이야기는 되도록 피하는 '점잖음'의 관습에 빠져 있음이 안타까웠다. 젊은 정치학자들이든 나이든 정치학자들이든 이 점에서는 한결같았다. 나 역시 예외는 아니었다.

나도 될 수 있으면 클리셰에 입론한 논문을 쓰려고 해왔고, 결과적으로 임팩트를 줄 수가 없었다. 하지만 이 책에서는 체험의 역사현장을 날것 그대로 전하는데 중점을 두었고, 주저함 없이 나의 판단과 생각을 그대로 밝히고 싶었다. 때 늦은 감이 있지만 '늦었다고 생각할 때가 가장 빠르다'는 말이 있지 않던가.

논쟁의 시작을 두려워하지 말자.

나는 남남갈등에 관하여 평생 고민해왔다. 남남갈등의 골은 지속적으로 깊어지고 있고 그 결과 진영 정치의 외연과 내포가 동시에 확장 중이다. 진영정치의 소모적 측면을 몰라서 생긴 문제가 아니다. 오히려 그 갈등을 노출시키는 것을 두려워했기 때문이다. 갈등을 촉발한 의제들을 둘러싸고 보수와 진보를 넘어선, 편견 없고 솔직한 논쟁을 소홀히 한 것은 아닌지, 우리는 되돌아봐야 한다.

한국현대사에서 뚜렷이 나타난 남남갈등의 깊은 골은 나의 정치의식을 끝없는 고통의 나락으로 떨어지게 했다. 부끄럽고 화가 치밀어도 누구에게 남남갈등의 문제를 터놓고 이야기하지 못하였고, 되돌아올 답이 자명한데 말한들 무엇하랴 하였다. 어느덧 80대 중반의 나이에 접한 나는 이제 스스로 타성과 고정관념에서 벗어날 것을 새삼스레 다짐한다.

이 책에 논쟁적인 대목이 적지 않을 것이라 생각한다. 기존 정치학계의 주류적 견해와는 생각과 판단을 달리하는 지점도 있을 것이다. 논쟁을 감내하기로 결심한 나는 이 책이 건전한 논쟁의 출발이기를 바라마지 않는다.

건전한 논쟁을 두려워하지 말아야 하고, 보수나 진보 양측이 모두 건전한 논쟁 속에서 남남갈등을 해소하는 길을 찾아야 한다. 갈등이 무섭다고 논쟁을 피하면 갈등 해소의 길을 찾을 수 없다. 사회적 쟁점을 묵혀두거나 우회한다면 남남갈등의 잠재 에너지만 더 키울 뿐이다.

사람의 욕심은 끝이 없나보다. 책을 탈고하면서 보니 아쉽게도 약간의 증언부언이 눈에 띈다. 수정의 기회가 없을 줄을 알면서도 책을 서둘러 끝내기로 하였다. 오류와 잘못이 있다면 필자의 책임이다. 독자여러분의 혜량을 바란다.

끝으로, 누구의 삶이나 영광과 감동의 순간, 갈등과 번민의 순간이 있었기 마련인데, 그 순간들을 함께 해준 이들이 있어 행복하였다. 학문의 길을 걸어오면서 서로 영향을 주고받은 국내외의 많은 학자들과 선배들, 후학들, 그리고 한양대학교의 동료교수들과 제자들에게 학문적으로 적지 않은 빚을 졌으며 이에 깊은 감사를 드린다. 살아오는 동안 신세진 많은 분들과, 우정을 나눠온 친구들에게도 고마웠다고 인사하고 싶다.

책이 나오기까지 많은 분들의 도움이 있었다. 어려운 가운데 출판을 완성할 수 있도록 함께 해준 사랑하는 제자들과 여러분들에게 감사드린다. 실무를 맡아준 글통 출판사의 홍기표 사장에게도 감사를 전한다.

집필 중에 병고(病苦)를 치르면서도 책을 마칠 수 있었던 것은 순전히 아내의 돌봄 덕분이었다. 사랑하는 아내에게 이 책을 드린다.

2024년 8월
선정릉을 바라보며, 서재에서
유 세 희

목차

서문

1_ 8·15 광복과 단주(旦洲) 유림(柳林)의 환국　　　24

2_ 참혹했던 6·25 전쟁　　　48

3_ 4·19 민주혁명　　　84

4_ 서울대민족통일연맹 결성과 남북학생회담 제의　　　118

5_ 5·16 군사쿠데타와 유원식 대령　　　128

6_ '유신체제'와 '유일 영도체계'의 등장　　　156

7_ 남남(南南) 갈등　　　216

| CONTENTS |

8_최초의 여성 대통령, 촛불 시위로 물러나다　　270

9_대한민국의 불행한 현실 : Amoral Society　　300

10_한국인에게는 위험 감수 본능이 있다　　324

에필로그　　349

부록　　359

chapter 1

8·15 광복과 단주(旦洲) 유림(柳林)의 환국

8·15 광복과 단주(旦洲) 유림(柳林)의 환국

사람은 누구나 회고의 본능을 갖고 있다. 정치학자로 살아온 나도 80대 중반에 이르니 지나간 일들을 되돌아보게 된다. 나의 삶과 생각에 가장 큰 영향을 준 이는 나의 종조부[1]인 단주 유림 선생이다.

나는 대학 진학 때 조금의 망설임도 없이 정치학과를 택하였고 프랑스어를 제2외국어로 택하였다. 이것은 종조부님의 말씀에 따른 것이었다. 나는 1930년대 경상북도 안동의 산골에서 맨주먹으로 서울로 이주한 부모에 의해 서울에서 태어나 초, 중, 고등학교와 대학을 서울에서 마쳤다.

스물일곱이 되던 1967년에 미국 컬럼비아대학으로 유학을 떠났다. 나는 6·25 전쟁 때 부산에서 약 2년간의 피난생활이나 군대생활 32개월을 제외하고는 서울을 떠나본 적이 거의 없었다. 그런 내가 농민문제에 관

---

1 종조부(從祖父): 조부(할아버지)의 남자 형제.

심을 가진 것이나, 컬럼비아대학에서 한국의 농민과 관련된 주제로 박사학위 논문을 쓰게 된 데에는 종조부님의 영향이 가장 컸다고 지금까지 생각하고 있다.

나의 친조부는 아버지가 여덟 살 되던 해에 돌아가셨고 할아버지의 형제분 가운데 막내이신 단주 할아버지(본명은 華永)는 만 17세이던 1915년에 독립운동을 위해 고향인 경상북도 안동을 떠나 대구로 가셨다. 그분은 일제 경찰에 의해 몇 차례 체포되던 끝에 1919년에 만주로 가셨다. 본격적인 항일운동을 위해서였다.

그 분은 우리나라가 일제 강점으로부터 해방이 된 1945년 12월 2일, 대한민국 임시정부의 국무위원으로 귀국하셨다. 중국 충칭(重慶)에서 항일독립운동을 하다가 환국했던 것이다.

우리 집안에서는 그분을 '당의 할배'로 불렀는데 이는 귀국 후 '독립노농당(獨立勞農黨)'이라는 정당을 창당하셨기 때문이다. 내가 종조부님을 처음 뵌 것은 그분이 귀국 직후 다른 임시정부 요인들과 함께 충무로 2가의 '한미호텔'에 잠시 머무를 때였다. 아버지가 나를 데리고 갔던 것이다. 만 여섯 살이 채 안 된 어린 나의 눈에 양복과 넥타이, 안경에다가 멋진 카이젤 수염을 기르신 할아버지의 모습은 정말 위엄과 품위 그 자체였다.

[유림(柳林) 선생은 누구인가]

　　독립운동가. 부흥회, 서로군정서, 조선공산무정부주의자연맹, 한중항일연합군 등을 결성해 활동하였다. 임시정부 국무위원을 지내고 광복 후에는 비상국민회의 부의장, 대한국민의회 의장 등을 지냈다.
　　본관은 전주(全州), 본명은 화영(華永), 호는 단주(旦洲)이다. 1898년 5월 23일 경북 안동에서 태어나, 한학을 익혔다. 1910년 일제가 한반도를 강제 합병하자, 손가락을 잘라 '충군애국(忠君愛國)'이라는 혈서를 쓰고 항일 독립운동에 몸 바칠 것을 맹세했다.
　　1915년 안동에서 부흥회(復興會)를 조직하고, 1917년 대구(大邱)에서 자강회(自强會)를 조직해 활동하다 일본 경찰에 체포되어 옥고를 치렀다. 1919년 3·1운동이 일어나자 안동에서 만세운동을 전개한 뒤, 만주로 건너가 지청천(池靑天) 등과 서로군정서(西路軍政署)를 조직하고 국내 특파원으로 활동하였다.
　　1921년 신한청년당(新韓靑年黨)을 거쳐 1922년 타이완 청두대학(成都大學) 문과에 입학하면서 무정부주의자로 변신하였다. 같은 해 상하이 대한적십자회 부회장을 역임하고, 1928년 정의부(正義府)에 들어가 활동한 뒤, 이듬해 10월 평양에서 비밀결사 조선공산무정부주의자연맹(朝鮮共産無政府主義者聯盟)을 결성해 활동하던 중 일본 경찰에 체포되어 1933년 5년형을 선고받았다. 출옥 후인 1940년 다시 중국으로 건너가 한중항일연합군(韓中抗日聯合軍) 조직에 힘쓴 뒤, 1942년 12월 대한민국임시정부 임시의정원 경상도 대표의원으로 활약하였다.

선생의 가족사는 불우한 편이었다. 일본군에 복무했다는 이유로 하나뿐인 외아들 유원식과 일찍이 부자의 연을 끊어버렸고, 사위가 이승만 정권의 경찰 간부로 승진하자 딸과도 인연을 끊었다.

1944년 임시정부 국무위원이 되었고 이듬해 8·15광복으로 환국하였다. 1946년 비상국민회의 부의장, 독립노농당(獨立勞農黨) 당수, 1947년 전국혁명자총연맹 창립 위원장, 1948년 대한국민의회 의장, 통일독립운동자중앙협의회 대표간사 등을 지냈다. 1953년 3월 휴전협정에 대한 논의가 있자 유림과 독립노농당은 더 이상의 동족상쟁을 막기 위해서 휴전협정을 촉구하였다. 이후 국회의원 선거에 몇 차례 출마하였으나 낙선하였다. 1962년 건국훈장 독립장이 추서되었다.

(출처: 두산백과사전)

(단주 유림 선생)

그러나 종조부의 정치가로서의 생애는 순탄치 않았고 가정적으로도 불우하셨다. 우선 가정의 불행은, 상당히 알려진 사실이지만, 자신은 독립운동에 여념이 없었는데 외아들인 원식(原植)-나에게는 종숙부[2]-이 일제의 만주군대에 입대했던 데에서 비롯되었다.

종조부는 이 사실에 접하자 종숙에 대하여 "이제부터 너는 내 아들이 아니다."라고 선언했다. 그에 그치지 않는다. 아내인 종조모가 아들의 만주군대 행을 막지 못하였다는 이유로 그 뒤 다시 보는 것을 거부하였다. 종조부의 철저한 민족주의와 강인성을 엿볼 수 있는 대목이다.

종조부의 귀국 후 한 달 반 쯤 뒤에 종조모는 아들, 온 가족과 함께 만주의 봉천(지금의 沈陽)에서 귀국하여 우리 집으로 들이닥치셨다. 종조모는 이때 이미 폐결핵의 말기 증세를 보이셨다.

종조모는 얼마 버티지 못하셨는데, 돌아가시기 전에 "남편을 한번만 만나보았으면 한이 없겠다"고 청하였

---

2 종숙부: 아버지의 사촌 동생

음에도 불구하고 종조부는 끝내 만남을 거절하셨다. 종조부께서는 1961년 작고하실 때까지 나의 종숙(원식)에 대해서도 일체 대면하지 않으셨다.

종조부의 아들 노릇을 하신 선친

종조부의 가정이 이처럼 항일과 친일로 갈라지는 통에 종조부가 일본경찰에 체포되어 대전 형무소, 원산 형무소에서 5년여의 징역을 사실 때나, 해방 후에도 조카인 나의 선친이 아들 노릇을 하였다. 그러다보니 나는 심부름으로 '당의 할배'를 자주 만날 수 있었고 그분은 간혹 우리 집에도 오셨는데 나를 무척이나 귀여워하셨다.

내가 어머니가 만든 음식이나 과일 같은 간식거리를 가지고 종조부에게 갔을 때에는 드물게 혼자 계실 때도 있었으나 대개는 손님이나 독립노농당의 당원들과 말씀 중일 때가 많았다.
나는 어린 나이여도 자연히 어른들의 대화를 자주 듣게 되었는데 그 대부분이 국내외 정세와 나라에 대한 걱정이었다. 대화중에서 지금도 유독 기억에 남는 대목은 종조부께서 봉천에서 사설 교육기관인 의숙을 운영하실 때 어느 날인가 김일성이 찾아왔는데 영리해 보이기는 했으나 별로 마음에 들지는 않았다고 하신 것이다.

종조부의 손님 가운데 '순국소녀 유관순 열사'의 오빠인 유우석(柳愚錫) 선생을 자주 뵐 수 있었고 당원이던 양일동 씨도 가끔 보였다.

종조부는 해방 후 귀국 첫 발언에서 "나의 이상은 강제 권력을 배격하고 전 민족, 나아가서는 전 인류가 최대한의 민주주의 하에서 다 같이 노동하고 다 같이 자유롭게 사상하는 세계를 창조하는 데 있다."고 하였다. 이는 자신의 정치이념을 요약한 것이었다.

그분은 임시정부에서도 '조선무정부주의자총연맹'을 대표한 인물로 알려져 있었다. 1919년 3·1운동을 기점으로 등장한 독립운동가들 가운데 신채호, 이회영, 유자명, 정화암, 백정기, 박열 등 무정부주의자들이 적지 않았다.

그것은 일본제국주의에 대한 과감한 투쟁을 위해서는 이론 못지않게 행동이 중요하다고 강조한 아나키즘에 경도된 지식인들이 많았던 사정과 관련이 있다. 정서적으로 보더라도 아나키즘이 지닌 니힐리스트적인 요소는 나라를 잃은 사람들의 비애와 일면 상통한 면이 있었다. 독립운동가들 중에 아나키스트들이 적지 않은 데에는 이러한 배경이 작용했음직하다.

허무당(虛無黨)과 흑우회(黑友會)

초기의 한인 아나키스트 조직으로 허무당(虛無黨)이 있었는데 이는 나라 없는 조선인들의 정서가 명칭에 반영된 것이었다. 아나키즘을 상징한 색깔도 검은 색이어서 일제하의 초기 아나키스트 조직들 가운데 흑우회, 흑우(黑友)연맹, 흑기(黑旗)연맹 등이 등장하는데 이런 맥락을 잘 보여준다.

종조부는 독립을 쟁취한 이후에 세울 민주주의 체제를 위해서도 인간의 자율성과 자주성을 강조하는 아나키즘이 그런대로 적합성이 높다고 생각하셨던 것 같다.

아나키스트들은 공산주의와 서구식 자유민주주의가 왜 우리나라에 적합하지 않다고 보았을까?

다른 아나키스트는 몰라도, 단주 유림 선생에 관한 한, 공산주의체제는 공산당의 독재를 당연시하고 있어 모든 정치세력이 권력을 나누고 사상의 자유를 가지는 체제는 아니라는 점에 주목하고 있었다. 1917년 볼세비키 혁명[3] 이후의 소련, 특히 스탈린의 독재가 이를 잘 말해 준다.

서구의 정치제제는 비록 민주주의 체제라고는 하지만, 청나라 말기의 중국에서 경험하였듯이 세계 도처에서 약소민족을 수탈하고 후진지역을 식민지로 만들었던 역사가 엄연히 존재한다. 서구의 정치체제를 롤모델로 내 세우기는 적합하지 않다고 생각하신 것 같다. 내가 느끼기에 종조부의 핵심사상은 '자유'였다.

자유의 관점에서 보면, 전제 군주의 독재나 프롤레타리아 계급의 독재나 파시스트당의 독재, 설령 계몽군주에 의한 독재라 할지라도 모든 독재는 악(惡)일 뿐이지 결코 선(善)이 될 수 없는 것이었다. 단주 유림 선

---

3 1917년 러시아 2월 혁명에 이은 러시아 혁명의 두 번째 단계로 10월 혁명이라고도 한다. 이는 레닌의 지도 아래 볼셰비키가 주도한 세계 최초의 공산주의혁명이었다.

생이 사유한 최상의 인간은 누구에게도 구속되지 않는 자유인(自由人), 자기 자신이 주인으로서 스스로 운명을 개척해 가는 자주인(自主人)이었던 것이다.

아나키즘, 자율정부주의

일반적으로 아나키스트들은 '정부'라는 국가기제마저 부인하는 것으로 알려져 있다. 그러나 단주 유림 선생은 자발적인 결사들의 대표들에 의해 만들어지는 정부와 의회 민주주의를 지지하였다.

종조부에 의하면 아나키즘(anarchism)은 개인이나 사회세력 또는 정당이나 어느 특정의 주체가 절대 권력을 가지는 것을 반대하는 사상이다. 명치유신을 계기로 아시아인으로서는 비교적 일찍이 서구 사상에 접할 수 있었던 일본인들은 자신들이 떠받드는 일본 천황을 보호하기 위하여 아나키즘을 '무정부주의'로 번역하는 왜곡을 저질렀다고 종조부는 생각하고 있었다. 이 때문에 그는 '무정부주의' '무정부주의자' 대신에 '아나키즘' '아나키스트'를 주로 사용하였다.

그는 충칭 임시정부에서 "당파는 다르더라도 함께 뭉치고(黨派合同聯異), 정부는 같이 만들어 권한을 골고루 나누어 맡자(政府共戴均擔)"는 슬로건을 늘 내세웠다. 민주주의에 의한 정부의 조직, 민주주의에 의한 국가의 운영이 반드시 필요하다는 그의 신념은 귀국 이듬해인 1946년 7월 7일 독립노농당(獨立勞農黨)의 창당으로 이어진다.

독립노농당의 창당은 그의 단독 결정이 아니다. 1946년 4월 21일부터 사흘간 경남 함양군 안의면 용추사에서 그동안 일제와 투쟁한 전국 아나키스트 대표 600여명이 해방 후 처음으로 모여 전국아나키스트 대표자대회를 열었다. 이 대회에서 자주, 독립, 통일국가의 실현을 위해 정당의 설립이 필요하다고 결의했던 것이다.

이 '안의대회' [4] 에서 그동안 강제 권력을 배격한다는

---

4 1946년 4월. 경상남도 함양군 안의면에서 해방 후 최초로 전국 아나키스트들의 대표자들이 모여 무정부주의를 결의한 대회. 일제강점기 시절, 독립운동 정파 중에는 국가를 '지배계급이 민중을 억압하기 위해 만든 권력기구'로 이해하는 아나키즘 흐름이 존재했다. 아나키스트들은 다양한 방법으로

뜻에서 무정부주의로 불리었던 아나키즘을 '자율정부주의'로 정의하는 한편, 독립노농당의 강령에 "국가의 자주독립, 근로대중의 최대복리, 민주주의세력과 평등 호조 연대"를 포함시켰다.

백만 당원

나의 종조부가 이끌던 독립노농당은 한때 당원의 수가 백만 명에 이를 정도의 당세를 갖고 있었다(해방 정국의 남한을 실질적으로 지배한 미 군정청 자료), 서울은 물론이고 영호남에서 평안도와 함경도에 이르기까

독립운동에 참여했고 해방 후 자주적 국가 건설을 목표로 건국운동에 참여했다. 아나키스트 전국 대표자 대회를 개최하기로 한 것은 구체적인 방법을 찾기 위해서였다. 그 결과 4월 20일부터 23일까지 함양군 안의면 용추계곡[용추사]에서 아나키스트 대회가 개최되었다. 이 대회에는 무정부주의자 조직인 자유사회건설자연맹과 조선무정부주의자총연맹의 회원 등 전국에서 600여 명의 아나키스트들이 참석했다. 대회에서는 참석자 전원의 찬성으로 노동자 농민의 조직된 힘을 정치에 반영하기 위한 '정당 결성'을 결의하였다. 그 결과 1946년 7월 7일 서울시 필동 역경원에서 단주 유림을 중앙집행위원장으로 한 독립노농당이 창당되었다. [출처] 한국학중앙연구원

지 골고루 당원의 분포를 보였다.

독립노농당의 정책에는 1)한반도에서 미군과 소련군의 즉시 철수 2)친일세력과 악덕 지주가 소유한 토지의 무상 몰수 3)실제로 토지를 경작하는 농민에게 토지의 무상 분배 등이 포함되어 있었다. 3대 정책노선은 국민 대부분이 농민이었던 사회분위기와 맞아떨어졌고 이것은 호소력을 갖고 있었던 것으로 보인다.

신탁통치를 반대하고 조선의 즉각 독립을 위해 미·소 점령군의 철수를 원하였던 해방공간의 국민감정은 중요했다. 80대 중반의 나는 지금도 "오하요 곤니찌와 물 건너가니 헬로 오케이가 왠 말이냐"라는 민요를 기억하고 있다. 이 민요는 일본 제국주의의 통치가 끝났는데 다시 미군에 의한 통치가 지속되는 현상을 개탄한 것이었다.

독립노농당은 이승만 박사가 주도한 남한의 '단독정부 수립'을 반대하고 제헌 국회를 위한 5.10 선거에 참가하지 않았다. 이 때문에 해방된 조국에서 단주 유림 선생의 정치가로서의 생은 어려움에 처하게 된다.

당시 남한만의 정부수립을 반대한 정치세력과 정치인들도 이북 지역에서 소련군정의 치밀한 지도에 따라 인민위원회가 지방의 동 단위까지 이미 조직이 완료되어 있다는 것은 알고 있었다. 38선 이북의 지역에서는 공표만 하지 않았을 뿐 실질적으로 북한만의 단독정부가 수립된 것이나 다름없었다. 그렇다고 해도 남한에서 먼저 정부 수립을 선언하면 남북 분단을 남쪽에서 먼저 인정하는 것이 된다는 것이 이들의 '단정 반대' 논리였다.

실제로 평생을 조국의 완전한 독립을 위해 투쟁한 사람들로서는 분단을 받아들이는 길에 동참할 수 없었을 것이다. 단주 유림 선생은 남한의 단정 수립을 종용하던 하지 미군정장관과의 논쟁에서 "우리는 떡을 받으려다가 돌을 받을 수는 없다."고 하였다. '떡과 돌'은 당시 민족지도자들이 얼마나 기막힌 심정이었는지를 집약적으로 보여준다.

독립노농당은 5.10 선거에 불참할 것을 공식화했으며, 당의 결정을 어기고 5.10 선거에 참여한 당원들은 전원 제명되었다. 당에서 제명되고 제헌의원으로 당선된 자는 14명이었다. 한편, 이승만 지지를 선언한 박열 부위원장과 이을규 부위원장은 출당되었다.

단주 유림 선생은 김구, 김규식 등이 김일성과의 '남북협상'을 위해 평양에 가는 것을 처음부터 만류하였다. 아나키스트와 공산주의자는 앙숙이라는 말이 원래 있었지만, 나의 종조부는 독립운동 과정에서 공산주의자들이 목적을 위해서는 아무 때나 약속을 뒤집는다는 것을 목도한 바 있었고, 이 때문에 공산주의자들을 신뢰할 수 없다는 생각을 갖고 있었다.

더군다나 하루아침에 소련이 내세워 평양에 등장하여 소련의 지령에 따를 수밖에 없는 김일성과 마주 앉아 협상을 한들 그의 위상만 높여 줄 뿐, 무엇을 얻을 수 있겠느냐 라는 입장이었다. 김일성은 소련의 요구에 따라 한반도에서의 신탁통치를 받아드리기로 한 상태인데 신탁통치를 반대하는 사람들이 가서 무슨 협상이 되겠느냐는 것이었다. 종조부는 김일성과 굳이 대화를 하겠다면 수도인 서울로 그를 오라고 하는 게 임시정부의 법통을 보아서도 옳다고 주장하였다.

김구 선생 등은 비록 소득이 없더라도 그냥 앉아서 남북분단을 당하고 있을 수민은 없다며 평양행을 감행하였다. 그 결과는 종조부의 예측에서 빗나가지 않았다. 방북 지도자들은 아무런 성과 없이 서울로 돌아왔다. 역사가 말해주듯이 서울과 평양에 두 개의 정부가 들어서면서 한반도는 두 쪽이 나고 말았다.

연이은 낙선

제헌의원을 선출하는 1948년의 5·10 선거에 참여하지 않았던 사람들과 그 대표들은 남북 분단이 현실이 되면서 기로에 서게 된다. 어쩔 수 없이 반쪽 정부 하에서 치러진 1950년 5.30 총선거에 대거 참여하게 된다. 그러나 사정은 간단치 않았다. 이승만을 지지하여 대한민국정부 수립에 참여한 세력들은 5.30 총선거에 새로 참여하려는 이들을 즐겁게 맞이할 리가 없었다.

불과 2년 사이에 기득권 세력이 된 이들은 5.10 선거를 보이콧한 세력을 '중간파'로 부르며 배타적인 태도를 취하였다. 그 뿐이 아니다. 아직 민주주의와 선거라는 경험이 일천한 국민들에게 관권과 금전을 동원함으로써 5.30 선거를 '부정선거의 판'으로 만들어버렸다. 부당한 선거 개입은 서울에서 먼 지방일수록, 벽촌일

수록 심하였다. 나의 종조부는 주변에서 서울 출마를 권유하였는데도 고향이 낫지 않겠느냐며 경상북도 안동에서 출마하였다. 경찰은 안동에서 선거운동원들을 부당하게 연행하고 "유림에게 투표하는 자는 빨갱이"라고 주민들을 겁박하였다. 결과는 낙선이었다.

종조부는 이후 국회 진출에 두 차례 더 실패를 하였다. 한번은 대구에서 낙마했다. 4·19 혁명으로 자유당이 무너진 뒤인 1960년 7.29 선거 때 고향 안동에서 다시 낙마했다. 불의와는 절대로 타협하지 않았던 자존심의 종조부이었기에 심적인 타격이 매우 컸을 것이다.

세 차례의 낙선으로 나의 부모님의 실망도 컸고, 선친은 경제적으로도 큰 타격을 입었던 것으로 보였다. 어린 나로서도 안타깝고 분한 생각이 마음을 짓눌렀다. 한편, 나는 한국과 같은 풍토와 환경에서 정치가 가야 할 방향과 정치가 맞이하게 될 숱한 장애를 늘 생각하게 되었다.

정치학 교수가 된 이유

해방에 즈음한 종조부의 환국, 그 이후의 순탄치 않은 종조부의 정치역정은 나로 하여금 일찍부터 정치에 관심을 갖게 하였다. 대학 진학에서 정치학과를 택하였으면서도 해방 이후의 대한민국 상황과 종조부를 통해 경험한 정치현실로 인해 나는 '현실 정치'에 뛰어드는 것만은 늘 자제하였다. 게다가 거짓말을 못하는 나의 성격도 일조한 것 같다. 54년을 함께 살아 온 아내의 말이 늘 귓가에 맴돈다.

"당신이 정치에 뛰어들지 않은 것은 정말 잘한 일이에요. 조금만 못마땅하면 곧 얼굴에 그대로 나타나는데 어떻게 정치를 해요?"

종조부님의 영향과 관련하여 또 하나 추가한다면 공산주의에 대한 비판적인 관점이다. 나는 평생을 두고 스스로를 진보 쪽에 가깝다고 생각했기 때문에 보수주의자로 보지는 않았다.

4·19 민주혁명에 이어 5·16 군사쿠데타가 발생할 때까지의 시기에 서울대학교 민족통일연맹에 핵심적으

로 참여한 이력, 미국 컬럼비아 대학에서의 나의 박사학위 논문, 그리고 이승만, 박정희, 전두환 정권에 대한 비판적 자세 등을 알고 있는 한국의 이른바 '좌파' 일부는 나를 자기 진영에 속한 것으로 오인하는 것 같다.

북한 체제에 대한 나의 비판적인 글들과, 특히 정년으로 대학의 교단을 떠난 이후 북한 인권문제 관련 단체에 참여한 사실을 알고 있는 일부 '우파'는 내가 이승만, 박정희, 전두환의 권위주의체제를 비판하는 것에 의아스럽다는 눈길을 보낸다.

나도 어쩌면 종조부님처럼 '중간파', 비록 살아간 시대는 다르지만 이 시대의 '중간파'로 규정할 수 있을지도 모르겠다. 내가 살아온 생을 있는 그대로 정확하게 파악하는 한에서는 나에 대하여 어떻게 부르던지 나는 개의치 않으려고 한다.

해방의 기억

해방 정국에서 종조부님의 환국 이외에 지금도 기억에 생생한 일이 있다. 1945년 8월 15일 한 여름의 더위 속에도 거리마다, 이 골목, 저 골목에서 태극기를 들고 "대한독립만세"를 외치며 기쁨에 넘쳐 뛰어 다니던 군중들의 모습이 그 하나의 기억이다. 얼마가지 않아 을지로 6가 서울운동장 부근에서의 신탁통치 반대(반탁)세력과 찬성(찬탁)세력 간에 몽둥이를 들고 피를 흘리며 싸우던 광경이 또 하나의 기억이다.

백범 김구 선생의 서거로 아버지와 함께 길게 늘어선 줄에 서서 경교장에 조문을 가서 두루마기 차림으로 똑바로 천정을 바라보며 누워 계신 선생의 시신을 보았던 일도 잊히지 않는다.

해방을 맞이하여 모두가 기대에 들뜨고, 좌우익 싸움에 사회가 온통 복잡하게 돌아가는 와중에 조선의 앞날이 결코 순탄할 수 없을 것이라는 경고성 예측이 일찍부터 노래처럼 떠돌아다녔다. "미국을 믿지 말고, 소련에 속지 말고, 일본은 일어나니, 조선아, 조심해라."가 그것이다.

해방된 지 5년도 안되어 6·25 전쟁이 터졌고 이 전쟁의 특수로 일본은 제2의 경제대국을 지향할 정도로 빠르게 경제가 회복이 된 반면에 정작 우리 민족은 분단의 고착화를 겪고 있다. 진정한 의미에서 '완전한 독립'이라 할 통일을 언제야 이룰 수 있을지, 일제로부터 해방이 된지 80년 되어 가는 이 시점에도 불확실한 '역사적 현실' 앞에 가슴이 저려온다.

chapter 2

참혹했던 6·25전쟁

참혹했던 6·25 전쟁

나는 해방 이듬해 국민학교(지금의 초등학교)에 입학하였다. 일본 말이 아닌 우리말에 의한 교육, 즉 '순수' 한글세대 교육을 받게 된 우리 학년은 5학년 여름방학이 될 무렵 6·25 전쟁을 겪는다.

전쟁이 시작된 그날에 소년들은 너나없이 여름방학에 무엇을 할지? 약간 기분이 들떠 있었다. 나는 그날 오전에 길거리에서 트럭의 확성기 방송을 들었다. 휴가 중이거나 외출 나온 군인들은 속히 귀대하라는 내용이었다. 1950년 6월 25일, 일요일에 시작된 전쟁은 나에게 확성기 방송으로 다가왔다.

38선에서는 이전에도 남한의 국방군과 북한의 인민군 사이에 소규모 교전이 여러 차례 있었다. 그런 중에

'육탄 십용사'의 장렬한 전사 [5] 는 순국의 표상으로 회자되기도 했는데 일요일 새벽 북측의 기습은 왠지 어린 소년에게 조차 불길한 느낌을 주었다.

그러나 이승만 대통령은 라디오방송에서 "무슨 일이 있더라도 서울을 사수할 터이니 국민들은 동요하지 말라."고 했고 심지어 우리 국군이 북진하고 있다는 오도된 선전도 있었다. 실제 전황을 알 수 없었던 일반 시민들은 정부의 말과 선전을 믿을 수밖에 없었다. 대부분 시민들은 피난에 나설 생각을 하지 않고 있었다.

---

5 6.25 전쟁 발발 이전인 1949년 발생했던 남북 간의 무력 충돌에서 발생한 10명의 전쟁영웅. 개성 시내는 38선 이남에 있었지만 송악산은 38선 이북에 있었기 때문에 북한군은 송악산 고지에 앉아서 개성 시내를 마음껏 감시할 수 있었다. 1949년 5월 3일 북한군이 먼저 송악산 아래 한국군의 여러 진지를 기습하여 함락했다. 한국군 제11연대는 송악산 고지에 북한군이 설치한 토치카 때문에 반격이 불가능했다. 이에 박창근 하사가 먼저 수류탄을 들고 맨몸으로 토치카 하나를 파괴했다. 이후 자원한 특별공격대 9명이 빗발치는 포화를 뚫고 북한군의 토치카에 돌격하였다. 이들의 자폭 공격으로 북한군 토치카 상당수가 무력화되어 한국군은 송악산 고지를 탈환할 수 있었다.

북한군이 남침을 개시한지 사흘만인 6월 28일 서울은 북한군에게 함락되었다. 그로부터 석 달 뒤 국군과 유엔군이 서울을 탈환했는데, 이때 남한의 지도급 인사들과 많은 사람들이 북한군에 의해 처형되거나 납치당하였다.

나중에 알려진 사실이지만, 이 대통령은 '서울사수' 선언을 미리 녹음해두었고 이것이 전파를 탈 때 그는 이미 대전 이남으로 피신하고 있었다. 나의 종조부는 자신의 트레이드마크인 카이젤 수염을 면도칼로 급히 밀어버리고 밀짚모자 쓴 농부로 변장한 채 28일 새벽에 나룻배로 한강을 건넜다. 임시정부 동료들 가운데 그분과 가장 가까이 지내신 조소앙 선생은 서울에 남아 있다가 납북되고 말았다.

부산으로 피신한 종조부는 서울 함락까지의 전황에 대하여 국민을 호도한 것, 한강 인도교를 예고도 없이 너무 일찍 폭파함으로써 뒤늦게 전황을 파악하고 피난길에 나선 숱한 시민들이 인파에 떠밀려 강으로 추락하여 생명을 잃은 것과 관련하여 이 대통령에게 대국민 사과를 요구했다. 이승만 정부는 사과는 고사하고 '위험분자에 대한 예비검속'의 명목으로 종조부를 3개월간 구금하였다.

나는 이 사실을 훗날 알았지만, 일제 강점기에 조국의 해방과 독립을 위해 투쟁하다가 옥살이를 하셨던 분이 해방된 조국에서 부당하게 옥살이를 하게 되었을 때의 심경과 절망감은 어땠을까 하는 생각을 떨칠 수 없었다.

나는 구금 당시의 종조부님의 생각과 분노를 추측할 뿐이지만, 예비검속을 지휘한 오제도 검사가 무례하게 굴었다며 불쾌한 표정을 지으시던 모습은 지금도 생생하게 기억한다.

고통스런 전쟁의 기억

6·25 전쟁을 생각할 때면 늘 떠오르는 일이 있다. 서울은 북한에 의해 두 차례 함락되었는데 첫 함락 때는 대부분의 서울 시민들처럼 우리 집도 피난하지 못해 석 달 동안 서울에서 북한군의 통치를 경험했다. 두 번째는 중공군의 개입으로 서울이 다시 점령당했을 때인데 우리 집은 미리 서둘러 대구를 거쳐 부산으로 피난할 수 있었다.

지금도 생생한 기억으로 남아 있는 것은 피난 때보다

는 서울이 인민군에게 함락되었을 때 겪은 일들이다. 전쟁 사흘 만에 인민군이 서울을 점령한 날 아침에 바로 우리 집 앞에 있는 영희초등학교 국기게양대에 태극기가 아닌 이상한 기가 게양되어 있는 걸 보고 왈칵 눈물이 쏟아졌다.

뒤이어 우리 집의 오래된 라디오를 통해 "남조선의 친일파와 악질 지주, 그리고 반동들을 무자비하게 처단해야 합니다."라는 김일성의 탁한 육성 연설을 들으면서 기분이 오싹할 정도의 불길한 느낌이 들었다.

해방 후 평안북도에서 단신 월남하여 1학년과 2학년의 담임 선생님이던 최종욱 선생님이 인민군의 검색을 피하여 여러 날 우리 집 정미소 천장에서 숨어 지냈던 일도 간혹 떠오른다. 9.28 서울 수복의 전날 밤은 음력으로 팔월 보름 무렵이어서 달이 유달리 밝았는데 휘파람 같은 소리를 내며 지나가는 유엔군 포탄이 꼭 우리 집에 떨어질 것 같아 이불을 뒤집어쓰고 몸을 한껏 움츠렸던 일도 잊을 수 없다.

집 근처, 지금은 함흥냉면집이 많은 오장동이 유엔군의 포격으로 온통 불바다가 되고, 옆집 아주머니가 피투성이가 된 내 또래 외아들의 시신을 안고 울부짖던 일은 전쟁의 트라우마 자체였다. 우리 집 가족은 모두 무사히 전쟁을 넘겼으나 삶과 죽음의 전쟁 증후군은 오래토록 남았다.

6·25 전쟁은 민족의 비극이었다. 남북의 거의 전 국토를 폐허화시킨 엄청난 재산상의 손실을 가져왔다. 더욱이 남북한 합쳐 당시 3천만 인구의 5분의 1인 6백만 명이 동족끼리의 싸움으로 죽거나 행방불명되거나 심한 부상을 입어 불구가 되었다. 전쟁에 의한 희생은 서로에 대한 엄청난 적개심을 키웠고, 민족의 숙원인 통일은 매우 어려워지고 말았다.

실수로 남침을 시인한 김일성

이 점에서 볼 때 전쟁의 불을 댕긴 김일성이나 북한에서 정치적 입지를 높이려고 김일성에게 남침을 종용한 박헌영을 비롯한 남로당 간부들의 죄악은 결코 용서 받을 수 없다. 동독과 서독은 국제정치적 여건으로 보아 통일을 이루기에는 남북한보다는 훨씬 나빴지만 서로가 죽고 죽이는 전쟁을 체험하지 않았기에 예상보다 빨리 통일을 이루어 낼 수 있었다.

남침 전쟁을 시작한 김일성도 6·25 전쟁이 얼마나 비극적인 결과를 우리 민족에게 가져 왔는지, 그 자신이 우리 민족에게 얼마나 엄청난 죄를 지었는지를 모를 리 없다. 이 때문에 그는 남침을 철저히 함구하고, 6·25 전쟁은 "미제국주의자의 주구인 이승만 도당들의 북침에 의한 것"이라고 주장했던 것이다.

그 뿐 아니라 그에게 남침을 종용한 박헌영, 이강국 등 월북한 남로당 간부들을 미국의 간첩으로 몰아 처형했다. 이것은 김일성 자신이 6·25 전쟁의 개전과의 관련성을 철저히 차단하려는 시도였다.

그러나 세상의 많은 독재자들은 자신의 절대 권력과 오만 때문에 간혹 실수를 저지른다. 김일성은 박정희 대통령이 대북 특사로 보낸 이후락 중앙정보부장 앞에서 "다시는 남쪽으로 쳐내려가는 일은 없을 거라고 내가 그러더라고 박 대통령에게 전해주시오"라고 말했다.[6] 에두르지 않고 6·25 전쟁의 남침을 직설적으로 시인했던 것이다.

---

6 통일부 자료 〈이후락·김일성 대화록〉. 연합뉴스 2023-07-06 기사 참조.

그동안 6·25 전쟁을 둘러싸고 누가 무슨 이유로 전쟁을 시작하였는가, 왜 끝장을 보지 않고 중도에서 휴전하게 되었는가, 6·25 전쟁에 대한 미국, 소련, 중국의 이해관계와 역할은 무엇 이었나 등 많은 의문들이 제기되어왔다. 이에 대하여 여러 해석과 반론이 있었다. 정전협장이 체결된 지 70년이 지난 오늘 날까지 정도의 차이는 있을지언정 논란은 계속되고 있다.

나는 그 많은 설명과 논쟁을 소개하고 평가할 생각은 없다. 다만 우리 민족에게 엄청난 비극을 가져 온 이 전쟁이 남측이 북침함으로써 시작되었는가, 아니면 북측의 남침으로 일어났는가의 질문으로 단순화한다면, 나 자신을 포함하여 38선 이남에서 살면서 전쟁을 체험하였거나 직접 경험하지 않았다 하더라도 대부분의 대한민국 국민들은 김일성이 한반도 전체를 적화통일을 하기 위해 남침함으로써 전쟁이 일어난 것으로 생각한다.

남한 국민뿐 아니라 유엔 결의에 의해 전쟁에 파병한 참전 16개국을 위시하여 유엔의 결정에 정당성을 인정하는 나라들은 모두 북한의 남침이 전쟁의 원인이었다고 인정하고 있다.

이와는 달리 북한은 6·25 전쟁이 남한의 북침에 의한 것이라는 입장을 보여 왔다. 남한 내의 종북 좌파들도 남한의 북침으로 6·25 전쟁이 일어났다고 주장한다. 그러나 전쟁 사흘 만에 서울이 함락되는 것을 지켜본 당시 초등학교 5학년이던 내 생각으로는, 남한의 북침설은 한마디로 어불성설이다. 북한군은 소련제 탱크와 폭격기 등으로 중무장을 하고 있었고, 겨우 카빈 총이나 맨 국군은 장비 면에서 북한군의 상대가 될 수 없었다. 군사력 열세가 분명했던 국군이 어떻게 북침하려고 했다는 건지 설득력이 전혀 없다.

애치슨 라인과 수정이론

한편, 6·25 전쟁은 북한의 남침으로 시작되기는 했으나 미국이 이를 유도했다는 제3의 설명 즉, 북한의 남침설에 대한 수정이론이 존재한다. 수정이론에서는 두 측면에 주목한다. 하나는 미국 경제는 군산복합체(軍産複合體: Military Industrial Complex)에 의해 굴러가는데 이러한 경제시스템은 가끔씩 전쟁을 필요로 한다는 것이다.

제2차 세계대전을 위해 생산된 무기들이 상당 물량 소모되지 않은 채 재고로 쌓여 있었고, 군산업체에 주문은 들어갔으나 전쟁이 끝남에 따라 생산이 유보된 물량도 많았던 까닭에 1945년 2차 대전이 끝난 후 수년이 지나면서 미국 경제는 침체에 접어들기 시작했다는 것이다.

다른 하나는 중국의 정세와 관련된 것이었다. 마오쩌둥이 이끄는 중국 인민해방군이 1949년에 장제스의 국부군 군대를 타이완으로 몰아내고 중국대륙을 석권함으로써 공산주의 세력이 아시아의 전 지역으로 맹위를 떨치고 있었다. 누군가 중공군에 제동을 걸어야 했는데 이러한 역할을 수행할 수 있는 나라는 미국 빼고는 일본밖에 없었다.

일본으로 하여금 그 역할을 하게 하려면 일본에 대하여 2차 세계대전의 전범국가로 계속 응징할 것이 아니라 미국의 동맹국으로 격상하는 전략이 필요해졌다. 미국이 패전국 일본의 경제 복구를 위해서 도움을 주어야 한다는 것이었다.

미국은 전후 미국 경제의 활성화와 마오쩌둥의 중국

에 대한 견제세력으로서의 일본의 복구라는 목표를 눈앞에 두고 동아시아 어디에선가 중국과의 전쟁이 필요하다고 판단했다는 것이고, 그 적절한 후보지가 남북으로 나뉜 한반도였다는 것이다.

이러한 전략의 첫 작업이 미국이 1950년에 발표한 애치슨라인(the Acheson Line)이라는 것이 수정이론의 요체이다.

1950년 1월 12일 미 국무장관 애치슨은 워싱턴의 기자협회 모임에서의 연설 "아시아의 위기"에서 극동지역에서 소련과 중공의 팽창을 저지하는 미국의 방위선을 알류산열도-일본-오키나와-필리핀을 연결하는 선으로 정한다고 발표하였다.

이 선이 이른바 애치슨라인인데, 이에 따르면 한국과 대만은 미국의 극동방위권의 밖에 있는 것이 된다. 이승만 정부는 무쵸 주한 미국대사와 장면 주미 한국대사를 통해 한국이 미국의 극동방위권에서 제외된 이유를 문의하였으나 미국 정부는 한 마디도 회답하지 않았다.

애치슨라인은 미국이 남한을 별로 중요하게 생각지

않는다는 것을 공개리에 표명한 것이나 다름없었다. 남한의 공산화를 원하던 김일성과 박헌영으로서는 남침의 기회가 찾아온 것으로 생각하여 매우 고무되었을 것이다.

실제로 애치슨라인이 발표된 지 반년이 채 안되어 북한은 남침을 감행하였다. 3년간의 한국전쟁을 치루면서 미국의 경제는 침체에서 벗어 날 수 있었고, 일본도 한국전쟁에 참가한 미군의 후방기지와 보급기지로서 특수를 누림으로써 경제가 신속히 복구되어 세계적으로 미국이 이끄는 자유무역체제의 동반자로서, 그리고 소련과 중국을 견제하는 G2 국가의 기반을 마련하게 되었다.

이상이 한국전쟁의 발발 원인과 관련한 수정이론의 요지이다. 수정이론은 한국전쟁이 미국에 의해 기획되었고 결과는 미국이 바라는 대로 되었다는 점에 주목한다. 한반도는 미국과 소련에 의해 분단되었지만 그나마 북한과는 달리 남한이 민주주의체제를 앞세운 미국에 점령된 것이 천만 다행이라고 생각하는 한국인의 한 사람으로서 수정이론을 그대로 믿기에는 씁쓸한 점이 없지 않다. 앞에서 지적하였듯이 한국전쟁으로 인해 우리 민족이 입은 피해와 상처가 너무도 크고 깊기 때문이다.

 미국의 애치슨라인의 선언은 일본의 한반도 병합을 사전에 양해한 1905년의 태프트-카츠라 각서(Taft-Katsura Agreement)와 함께 한국인들이 미국에 대해 두고두고 유감으로 느끼는 역사적인 사건으로 남을 것이다.

 애치슨라인의 선언이 수정이론 주창자들이 주장하듯이 처음부터 북한의 남침을 유도하기 위한 기획이었는지, 아니면 미국이 동북아에서 절대로 양보할 수 없는 지역을 스탈린과 마오쩌둥에게 천명하는 과정에서 발생한 실수였는지는 그 구체적인 결정과정을 알 수 없어 분명치 않다.

 그럼에도 불구하고 애치슨라인의 선언이 결과적으로 북한으로 하여금 남침하도록 고무하였고, 스탈린과 마오쩌둥이 김일성의 남침을 승인하는데 있어서 결정적인 역할을 한 것만은 확실하다 하겠다.

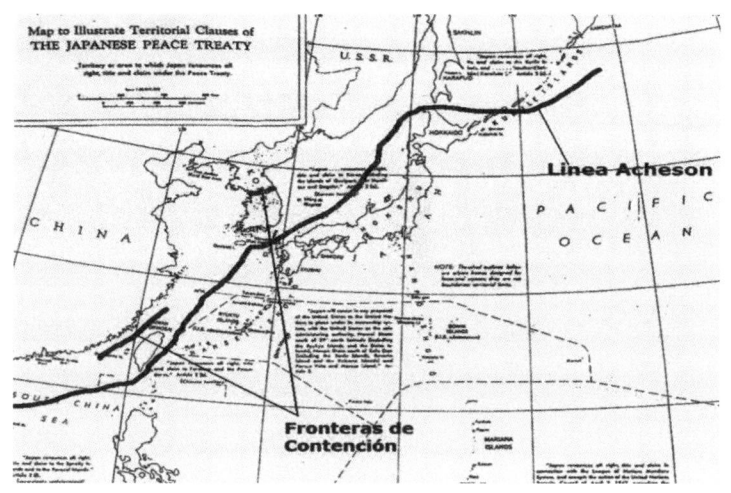

(애치슨 라인을 그린 지도)

전쟁의 참혹한 결과

1950년 6월 25일 북한군의 무력 남침으로 시작되어 1953년 7월 27일 휴전(休戰)에 이르기까지 3년 넘게 치러진 한국전쟁은 많은 피해를 남겼다. 이 전쟁은 한반도를 거의 황폐화시켰으며 그보다 더 큰 인적, 물적, 정신적 피해를 끼쳤다.

단적인 예로 '백마고지(白馬高地)'는 폭탄과 포탄을 얼마나 퍼부었는지, 허옇게 속살을 드러낸 산등성이가 하얀 말의 등성이와 같다고 하여 붙여진 이름이었으니 가히 그 정도를 짐작할 만하다.

　전쟁에서 한국인이 입은 인적, 물적, 정신적 피해는 매우 심각하였다. 한국군은 15만 8천여 명의 전사, 사망 및 실종과 45만 명이 넘는 부상자를 포함한 60만 명 이상의 피해를 입었다. 군번 없이 싸운 28만여 명의 학도병 가운데 7천여 명이 전사하거나 실종되었고, 수만 명의 부상자가 발생하였다. 직·간접적으로 전투에 참가했던 경찰에서는 1만 9천 명이 넘는 전사자, 부상자가 나왔다.

　더욱 심각한 것은 민간인 피해였다. 100만 명에 가까운 선량한 국민들이 전쟁으로 인하여 학살, 납치, 행방불명되거나 부상당했으며, 이 중 여성들의 피해는 무려 25%에 이르렀다. 당시 여러 가지 사고와 사건으로 입은 민간인의 피해까지 합하면 민간인들의 피해는 엄청난 규모였다고 추정할 수 있다.

　한국전쟁은 또한 1천만 명에 이르는 피난민과 4백만 명에 가까운 전쟁 이재민, 30만 명이 넘는 미망인 및 6만여 명이 넘는 전쟁고아를 발생시켜 이들의 인생과 운명을 바꿔놓기도 했다.

사회적 자산을 보면, 민간 가옥 62만여 채가 소실(燒失)되었고, 50% 이상의 산업 시설과 수도, 수송망 및 항만 시설이 파괴되었다.

인적, 물적 피해에 더하여 1천만 명이 넘는 이산가족이 입은 정신적 피해는 반세기 넘어 많은 이들의 가슴에 큰 상처와 고통을 안겼다.

당시 국민정서를 대변하던 대중가요가 있었다. "단장의 미아리 고개"는 휴전 이후인 1956년 발표된 트로트 곡으로, 단장(斷腸)이란 창자를 끊어내는 고통을 말한다.

미아리고개는 한국전쟁 당시 서울 북쪽으로 올라가는 유일한 도로가 있던 곳이어서 국군과 인민군 사이에 치열한 교전이 벌어졌다. 인민군이 후퇴하면서 납치한 사람들도 이곳에서 가족을 떠나보내야 했다. 이 노래는 철사로 손을 묶이고 맨발로 다리를 절면서 뒤를 자꾸만 돌아보며 북한으로 끌려가던 남편의 모습을 그리고 있다. 부인은 남편이 십년이 가도 백년이 가도 살아서 돌아오기만을 바란다는 내용이다.

한마디로 창자를 끊어내는 전쟁의 비극을 절절하게 담아낸 노래가 아닐 수 없다.

북한군 역시 사망과 실종을 합하여 60만 명이 넘는 피해를 입었으며, 부상자는 얼마인지조차 모를 정도다. 북한의 산업 시설과 교통망 및 기간 시설은 유엔군의 폭격과 포격으로 마비되다시피 하였고, 온갖 질병과 배고픔으로 인한 민간인 피해는 추정 자체가 어려울 정도였다.

자유를 지키기 위해 남의 나라 전쟁에 참전한 미군과 유엔군의 피해도 적지 않았다. 연(延) 병력 572만여 명이 참전한 미군은 전사와 사망 5만 4,246명, 부상 46만 8,659명, 실종 739명, 포로 4,439명 등 52만 8,083명의 피해를 입었으며, 연 병력 17만여 명이 참전한 영연방 국가 등은 영국의 4,731명, 터키 3,623명, 호주 1,583명, 캐나다 1,557명, 프랑스 1,289명, 타이 1273명, 컬럼비아 809명, 에티오피아 657명, 그리스 647명, 네덜란드 585명, 필리핀 468명, 벨기에 441명, 뉴질랜드 103명, 남아프리카공화국 42명, 룩셈부르크 17명 등 1만 7,825명의 피해를 입었다. 유엔군은 총 54만 5,908명의 피해를 입으며 한국전에 참전했던 것이다.

목숨을 잃거나 부상당한 군인들의 가족이 짊어지게 된 정신적 고통 역시 한국전쟁이 안겨준 피해가 아닐 수 없다.

연인원 300만 명이 참전한 중공군도 사망 14만 8,600명, 부상 79만 8,400명, 실종 3,900명, 포로 2만 1,700명 등 97만 2,600명의 피해를 입었다.

중공군과 북한군은 총 1,178대의 전차와 2,186대의 항공기가 파괴 또는 손상되는 피해를 입었다. 공산군도 총 150만 명이 넘는 인적 피해와 많은 장비의 손실을 감수해야 하였다.

한국전쟁 기간에 지출된 경비도 결코 적지 않았다. 미국은 한국전쟁을 수행하는데 있어서 제1차 세계대전 때와 맞먹는 2백억 달러, 한국은 8억 4천만 달러를 지출하였다는 통계도 있다. [7]

엄청난 파괴와 천문학적 피해를 감내한 한국전쟁에서 양측이 얻어낸 것은 전쟁 전의 38선을 약간 변형시킨 휴전선(休戰線)일 뿐이었다.

---

7 통계 출저: 한국전생피해통계 (국방군사연구소)

전쟁을 유도한 남로당의 운명

김일성으로 하여금 이토록 소모적이고 파괴적인 전쟁을 일으키도록 유도한 또 하나의 요인은 남한에서 활동하다가 미군정의 탄압과 체포를 피해 월북한 박헌영을 비롯한 남로당 간부들이었다.

전쟁 전에 월북한 박헌영 [8] 등 남로당 간부들의 북한에서의 정치적 입지는 날이 갈수록 급격히 약화되고 있었다. 이와는 달리 불과 얼마 전까지만 해도 서울의

---

8 해방 정국에서 조선공산당과 남조선로동당의 당수로 활동하다가 1948년에 월북하여 조선민주주의인민공화국의 정치인으로 활동했다. 독립운동 시절부터 마르크스-레닌주의의 길을 걸었던 그는 '조선공산당'의 지도자였다. 1945년 8월 15일 광복이 되자 조선공산당을 재건하고 건국준비위원회 등에서 정치인으로 활동했다. 그러나 소련공산당과 중국공산당의 지원에 힘입은 김일성이 조선공산당 북조선분국을 세우고, 북조선분국을 중심으로 북조선로동당을 창건한 뒤 '당 대 당' 통합형식으로 조선로동당을 창건하면서 박헌영이 재건한 조선공산당은 와해되었다. 미군정의 탄압을 피해 1948년에 월북했으며, 1948년 9월 조선민주주의인민공화국 정부 수립 뒤에는 부수상 겸 외무장관 등을 지냈으나 김일성에 의해 한국전쟁을 패전으로 몰아간 '미제의 간첩'이란 오명을 뒤집어쓰고 숙청되어 사살이 집행되었다.

지령에 따라야 했던 평양을 거점으로 한 북조선분국의 북로당세력은 소련을 등에 업고 약진해 나갔다.

(김일성에게 남침을 종용해 민족사의 큰 비극을 초래한 박헌영)

결국 입지를 찾지 못하던 월북 남로당파는 현상 타파를 모색하게 된다. 남한 사정에 밝은 이들은 인민군이 남한으로 쳐내려가기만 하면 남한 내의 좌익들의 호응으로 남한은 쉽게 함락될 것이고 자기들이 당의 주도권을 되찾을 수 있을 것으로 보고 김일성에게 남침을 적극 종용하였다.

전쟁 초기만 해도 이들의 구상이 적중하는 듯이 보였다. 1950년 6월 25일 일요일 새벽에 북위 38도선을 넘어 남침을 시작한 북한군은 사흘 만에 서울을 점령했고, 계속 빠른 속도로 남하했다. 그러나 미군의 참전과 유엔 결의에 의한 유엔군의 파견 등 미국이 그들의 예상보다 빠르게 대응하고 나섰다. 이로써 낙동강 전투와 인천상륙작전 이후 전세는 역전되어 북한군은 압록강까지 밀리게 된다.

한반도에서의 전황이 중국에 미칠 영향을 우려한 중국은 중공군을 파병하기에 이르렀고 이에 따라 김일성은 가까스로 패전을 면하고 휴전이 성립되었다. 종전을 전후한 시기에 박헌영을 위시한 남로당계 간부들은 모두 '미 제국주의의 스파이'라는 죄명으로 처형되었다.

김일성의 남로당 세력에 대한 숙청은 일석이조의 효과를 노린 조치였다. 하나는 6·25 전쟁을 시작한 김일성이 그 책임을 남로당에 떠넘겨 조금이라도 역사의 죄인이 되는 것을 면해 보려고 했던 것이다. 다른 하나는 김일성에게 가장 큰 정적이던 남로당 세력을 제거하려는 것이었다.

민족의 재앙이었던 6·25 전쟁은 휴전 이후에도 남북한의 적대적인 대결 분위기를 고취시켰고, 남한은 남한대로 이승만의 독재체제를, 북한은 북한대로 김일성의 독재체제를 강화하는 길로 접어들게 된다.

6·25 전쟁을 향한 스탈린의 후원과 마오쩌둥의 지원군의 영향으로, 북한에서는 김일성의 항일 빨치산세력과 대립하던 소련파와 연안파의 세력이 커지는 계기가 만들어졌고, 한편 전쟁 기간에 이들을 견제하기 위한 김일성의 이론적 무기인 이른바 '주체사상'이 배태되기도 하였다. 김일성의 말을 그대로 빌리면 이렇다.

"한참 전쟁 중에 연안파는 중국식으로 하자고 하고 소련파는 소련식으로 하자고 서로 싸우는데 무슨 식으로 하는 것이 무엇이 그리 중요한가? 우리는 지금 조선의 혁명을 하고 있는데 숟가락으로 먹든지 포크로 먹든지 음식이 입으로 들어가면 되는 거지 무엇으로 먹는 것이 무엇이 그리 중요하단 말인가?"

김일성은 1956년 여름에 그의 우상화를 비판한 연안파와 소련파를 '종파분자'로 몰아 함께 제거하게 된다. 연안파는 중국으로 도피하고 소련파는 소련으로 도망치는 이른바 '8월 종파사건'이 일어났다. 이 사건의 수습을 위해 중국에서는 저우언라이 총리의 부인이자 공산혁명의 평생 동지인 덩잉차오 중국공산당 전인대 상무위원, 펑더화이 국방부장 등이, 소련에서는 미코얀 소련공산당 정치국원 겸 외상이 평양으로 달려오기도 하였다.

이후 김일성은 경쟁세력이 없는 상황에서 독재체제를 마음대로 강화한다.

남한에서는 이승만 대통령이 독재체제를 형성하는 데 있어서 6·25 전쟁의 비상사태를 십분 활용하였다. 1950년 5월 30일 총선거로 제2대 국회가 구성이 된 지 한 달도 채 안되어 김일성이 남침으로 서울을 점령하자 국회의원들은 뿔뿔이 흩어져 피신했다가 대구로 모여들었으며, 정부가 부산으로 옮기자 이들도 부산에 집결하였다.

제2대 국회의원들의 성향은 제헌 국회의원들과 달랐다. 이승만의 '단정 수립'을 반대하여 5.10 선거에 참여하지 않았던 사람들이, 평균 10대 1 이상의 높은 경쟁률을 보일 정도로 5.30 선거에는 많이 출마했다. 자연히 민족주의계열, 중도파와 혁신계열이 많았다. 5.10 선거의 당선자가 5.30 선거에서 재선된 경우는 총의석 210석 중 31석에 불과하였다.

제헌국회에서 다수 의석을 장악한 한민당의 전폭적인 지지를 받아 대한민국의 초대 대통령이 된 이승만으로서는 정치성향이 바뀐 제2대 국회에서 다시 대통령에 선출되는 것이 매우 어려울 것임을 감지하였을 것이다.

더욱이 한민당과 이승만의 관계를 보더라도 정부 구성의 인선과 정책 등에서 한민당의 기대에 어긋나 점차 소원해지고 있었다. 한민당 간부들과 이 박사는 기질 면에서 처음부터 잘 맞지 않았다.

이승만과 그 측근들은 대통령 재선을 위해 대통령의

선출 방식을 국회에서 선출하는 간선제가 아니라 국민들이 직접 투표하는 직선제로 바꾸는 것이 필요하다는 결론을 내리게 된다. 그렇게 하려면 헌법부터 개정해야 했다. 그리고 새로운 여론을 조성하고 조직적으로 국회를 장악하기 위해서는 이승만이 이끄는 정당이 있어야 했다.

이러한 상황에서 이승만 대통령에게 악재가 터졌다. '방위군설치법'에 의해 소집된 예비 병력에 사용할 막대한 군수품과 예산을 이승만이 특채한 간부들이 빼돌림으로써 수많은 병력이 굶주리고 얼어 죽은 국민방위군사건이 그 하나였다. 다른 하나는 공비를 토벌한답시고 500여 명의 양민을 남녀노소 가리지 않고 무참히 사살한 거창 양민학살사건이었다. 국회에서 두 사건이 논란이 되면서 이승만에 대한 비난이 거세게 일어났다.

당시 신성모 국방장관은 사건을 은폐하는데서 더 나아가 진상 규명의 요구를 '불순분자의 행위'로 규정하였다. 계엄사령부의 김종원 대령은 국군 병력 일부를 공비로 위장하여 진상 조사에 나선 국회의원들에게 총격으로 위협하였다. 국회조사단이 학살 장소에 접근하는 것을 방해하려는 기도였다.

그럼에도 이승만은 1951년 11월 대통령 직선제와 양원제 국회를 골자로 하는 헌법 개정안을 국회에 제출하였다. 헌법 개정안은 압도적 반대표로 부결되었다. 그런가 하면 자신의 정당으로 창당을 추진한 자유당도 같은 날에 두 개 출범했을 뿐 아니라 한쪽은 개헌안에 찬성하고 다른 자유당은 반대하는 촌극이 벌어졌다. 극도의 전쟁 피로감으로 고생하던 국민들로부터 빈축을 산 것은 당연한 귀결이었다.

대통령 직선제를 포기할 의사가 전혀 없었던 이승만은 국회의원들을 강제로 끌어다가 위협의 분위기에서 직선제 개헌안에 찬성하게 만들었다. 이것은 '부산 정치파동'으로 널리 알려진 '발췌 개헌안 통과'였다.

위헌 요소로 가득한 그 방법은 네 가지였다.
첫째로, 경찰 등을 동원하여 대통령 직선제에 찬동하는 서명운동을 전국적으로 전개하는 한편, 개헌안에 반대하는 국회의원에 대해서는 민의의 배치(背馳)를 근거로 선거구민들이 소환하기로 하였다.
둘째로, 공비 소탕의 이유로 계엄령을 선포한 가운데

'백골단' '땃벌대' 같은 폭력조직들을 앞세워 임시 국회의사당을 포위하여 의원들을 협박하였다.

셋째로, 이러한 공포분위기로 인해 등원을 거부하는 국회의원들은 경찰과 헌병이 연행하여 개헌안 표결에 강제로 참여하게 하였다.

넷째로, 표결방법은 비밀투표가 아니라 찬성하면 기립하는 공개투표였다.

이처럼 이승만은 자유민주주의 체제에서는 상상도 할 수 없는 방법으로 대통령 재선에 필요한 헌법 개정을 할 수 있었다.

(피난지 임시수도 부산에서 개최된 국회)

부산 정치파동은 이승만이 제2대 대통령으로 연임하는 길을 열어 주었지만, 한번 불법을 저지르면 또 다시 불법에의 유혹을 받게 마련이다. 이 사건은 이승만과 자유당 독재의 등장을 예고하는 출발점이었다.

대한민국 제1공화국의 헌정사를 얼룩지게 한 부산 정치파동 이후 이승만은 대통령 3선과 4선, 그리고 영구집권에 나서게 된다. 이승만의 하수인들과 자유당은 '4사5입 개헌' '3.15 부정선거' 등을 저질렀다. 끝내는 많은 젊은이들이 피를 흘린 1960년의 4·19 민주혁명이 이어졌고 이승만 자신은 하와이 망명길에 나서게 된다.

부산 정치파동 당시 이승만을 지지한 세력들은 대통령 연임은 "전쟁 중이라는 비상사태 아래에서 미국과의 관계 등을 고려해서라도 반드시 이루어져야 한다."는 논리를 폈다. 이 논리는 부산 정치파동의 옹호와 정당화의 길을 텄다.

지금도 "이승만 대통령이야말로 대한민국의 유일한 국부이며, 그가 아니었으면 대한민국은 공산화되었을 것이다."라고 주장하는 사람들이 있다. 이들 대부분은

1952년 부산에서의 '발췌개헌안 개헌'의 부당성에는 눈을 돌리지 않는다. 그런다고 해서 존재하는 '역사적 사실'이 없어질 리가 만무하다.

만일 이승만 대통령이 부산 정치파동과 같은 일을 벌이지 않고 순리적으로 재선에 노력하고 법에 따라 처신하였더라면 어떻게 되었을까. 설령 재선에 실패하였더라도, 상해 임시정부와 미국에서의 독립운동, 그리고 해방정국의 '단정' 추진과정에서 잡음이 없었던 것은 아니어도 대한민국의 '건국의 아버지'와 '자유민주주의 수호자'로서 역사에 길이 추앙될 수 있었을 터이다. 그의 권력욕으로 인하여 그렇게 되지 못한 것이 그 자신을 위해서나 우리 국민을 위해서나 정말로 유감이 아닐 수 없다.

백번 양보하여 부산 정치파동에도 불구하고 그가 '사사오입'의 어거지로 3선 연임을 하지 않고 대통령직에서 물러났던들 '건국의 아버지'에 더하여 대한민국을 6·25 전쟁의 위기에서 구해낸 '자유민주주의 참된 수호자'라고 평가하는데 대하여 누구도 이의를 제기하기가 어려웠을 것이다.

이승만의 권력욕이 대한민국 현대사에 남긴 또 하나의 과오는 그와 자유당이 군을 정치적으로 이용한, 좋지 못한 선례를 남긴 '군의 정치화'[9] 이다. 자유민주주의체제는 어디까지나 문민이 중심이 되는 정치체제이며 군은 정치에 개입하지 않고 오로지 국토방위에만 전념해야 하는 체제인 것이다.

 그와 자유당이 군을 정치적으로 이용함에 따라 군이 어떻게 정치에 개입할 수 있는지, 개입하여 어떠한 이

---

9 군의 정치화(politicization of the military)에 대해 미국의 전략 및 국제문제 연구센터(CSIS Center for Strategic and International Studies)는 이렇게 정리한다.

〈군대의 정치화는 왜 문제인가?〉
 비정치적이고 비당파적인 군대는 미국 민주주의를 뒷받침하는 규범 중 하나이며, 미국 군사 전문성의 특징이다. 군대는 정당이나 당파적 입장에 상관없이 민주적으로 선출된 민간인 관리에 대한 복종을 통해 헌법을 준수한다. 이는 평화적인 권력 이양을 의미하며, 미국 국민들이 통치 방식을 선택할 수 있도록 보장하고 고위 관리들이 제공하는 전문 지식과 조언을 신뢰할 수 있게 한다. 만약 군대가 당파적 입장을 취하게 되면, 유권자들은 투표를 통해 집권한 야당이 군대를 통제할 수 없을 것이라고 생각할 수 있다. 이는 군대 자체에 대한 국민의 신뢰를 무너뜨리고 정부의 기능을 손상시킬 것이다.

득을 챙겼는지를 군에게 보여준 것이었다. 1961년의 5·16 군사쿠데타와 1979년의 12·12 신군부의 반란은 군이 이승만과 자유당 정권에서 얻은 학습효과에 기인한 것이었다.

일부 국민과 비평가들은 한국의 산업화에서 박정희와 전두환의 권위주의체제가 기여한 공로를 높게 평가하고 있다. 박정희 정권 아래에서 산업화는 큰 약진을 이루었다. 그럼에도 불구하고 이러한 긍정적인 측면이 과연 26년이라는 장기간에 걸쳐 경제 이외의 분야 즉, 정치적, 문화적, 사회적 분야, 심지어 경제 분야에서까지 두 개의 군부 권위주의 체제가 대한민국에 초래한 수많은 부정적인 면을 상쇄할 수 있는지는 지극히 의문이다.

부정적인 면 가운데서도 지금까지와 앞으로 대한민국의 발전과 남북통일의 달성에서 가장 심각한 장애요인이 남남갈등(南南葛藤)의 심화라고 나는 생각한다.

5·16 군사쿠데타로 박정희 정권이 들어서기 이전까지는 전통적인 의미에서 지역에 따라 민간 사이에 약간의 지역감정 같은 것은 있기는 했으나 정당의 구성

이나 대통령선거, 총선거에 크게 영향을 미치지는 않았다.

이 사실은 제1공화국과 제2~제3공화국의 총선과 대선에서, 이승만과 박정희의 지지표가 영남, 호남이라는 특정 지역에 집중되지 않고 전국에 걸쳐서 비교적 고루 분포되어 있었던 것에서 확인된다.

그러던 것이 박정희의 18년간의 권위주의체제를 거치면서 점차 영호남 간의 지역갈등이 대한민국 정치를 결정짓는 가장 큰 정치적 변수가 되었다. 전두환의 신군부 권위주의체제에 와서는 지역 대립에 이데올로기적 대립까지 중첩이 되면서 남남갈등은 대한민국의 분열의 골을 더욱 깊게 파고 있다. 이는 남북한 간의 대립에 더해 대한민국의 미래를 예측하기 어렵게 만들고 있다.

특히 전두환의 권력욕으로 인하여 야기된 5·18 광주민주항쟁은 7년 후 전두환이 퇴진하기까지 줄기차게 계속된 민주화운동의 계기가 되는 한편, 이른바 '386세대'로 불리는 1980년대의 대학생 세대에게 광범위하게 퍼진 반미 감정과 북한에 대하여 다분히 동정적인 '자생적 주체사상파' 등장의 원인이 되었다. 후자는 광주민주항쟁이 초래한 심각한 부작용의 하나라고 할 수 있다.

5·18 광주항쟁 이전에 남한의 대학사회에 있어서 미국의 대외정책을 비판하는 목소리가 없었던 것은 아니다. 듣기에 따라서는 과격한 비판이 반미로 생각될 수도 있었다. 그러나 광주항쟁 이후에 나타난 부산, 광주 등지의 미국문화원에 대한 대학생들의 방화 또는 치외법권의 건물 점거 같은 행동은 없었다.

그러나 1980년 5·18 광주민주항쟁에서 전두환의 군부에 의해 다수의 학생들과 시민들이 죽거나 부상당했음에도 불구하고 미국이 전두환 정권에게 별다른 조치를 취하지 않고 여전히 지지하는 모습을 보인 것이 극단의 모멘텀을 불러왔다. 격분한 대학생들은 그 반작용으로 북한이 주장하는 주체사상에 스스로 경도되는 행동을 보이게 되었다.

이것이 '자생적 주사파의 등장'의 배경이다. 이후 이석기가 이끈 통합진보당 사건이 보여주듯이 남한에서의 무력적 봉기도 불사하는, 북한의 주장에 동조하는 사상적 오염이 남한 사회와 정치에 파고들었다.

특히 이들이 전통적으로 합법적인 대여(與) 및 대정부 투쟁을 해온 민주당을 부분적으로 장악함으로써 타협보다는 극한 대립으로 치닫는 반(反)의회민주주의적 분위기가 한국 정치에서 나타났다.

대한민국에서 자생적 주사파의 대거 등장이라는 예기치 못한 사태가 발생한 것은, 1979년 10·26 사건(박정희 대통령의 시해사건)을 조사하던 중 12·12. 반란을 일으켜 국가권력을 찬탈한 전두환의 죄악이 얼마나 큰지를 여실히 보여준다.

chapter *3*

4·19 민주혁명

4·19 민주혁명

4·19 민주혁명에 직접 참여한 나는 이 역사적 사건이 마치 얼마 전의 일처럼 느껴지곤 하는데 4·19 혁명이 있은 지 벌써 60년이 지났다. 어떤 것은 어제의 일처럼 생생히 기억되는 반면에 어떤 일은 분명하지 않은 채 아스라이 기억에서 사라지는 것을 보면 60여년의 세월이 길고 긴 모양이다.

한결같은 사실 하나는 당시를 회상하면 늘 기분이 우울해진다는 것이다. 1960년 4월 19일, 이른바 '피의 화요일'은 분명히 구름 한 점 없이 파란 하늘에 눈부신 햇살의 화창한 봄날이었는데도 어쩐지 나에게 떠오르는 그때의 모습은 우중충한 회색빛으로 차 있다.

실제로는 나라고 더 우울해야 할 이유가 있었던 것은 아니다. 아니 이런저런 조건으로 볼 때 나의 형편은 지방에서 올라와 하숙이나 자취를 하는 친구들보다는 상당히 괜찮은 편이었다.

그런데도 회색빛의 기억이 머리에서 떠나지 않는 이유는 당시 우리나라의 경제형편이 '1인당 국민소득 60달러' 정도로 빈곤국 중에서도 밑바닥인데다가 이승만과 자유당의 독재로 사회가 피폐해질 대로 피폐해진 상황에서 대학생으로서 장래의 뚜렷한 희망이나 전망을 갖고 계획을 세우고 추진하기가 어려웠던 탓일 것이다.

동숭동의 낭만

그때나 지금이나 이른바 일류대학에 들어가기가 쉽지는 않다. 당시는 지금에 비하여 대학 진학 희망자가 고등학교 졸업자와 대비해 낮은 비율이었기 때문에 대학 입학이 상대적으로 쉬웠다고 말할 수는 있을 것이다. 그래도 당시는 대학의 숫자가 적어서 나름 경쟁이 치열했고 입시준비를 위한 영어, 수학 중심의 학원이 있었다. 형편에 따라서는 가정교사를 두고 입시 준비를 하는 학생들도 제법 있었다.

지금도 그렇지만 그때도 일류대학에 얼마나 많은 학생을 입학시키느냐를 가지고 고등학교의 서열을 매기는 만큼 고등학교마다 입시경쟁은 치열했다.

고3의 첫 시간에 "앞으로 10개월은 너희들의 인생에서 즐거움이란 아예 없다고 생각하고 오로지 대학입시 준비에만 몰두하기 바란다."는 담임선생님의 말씀이 지금도 귓전에 맴돈다. 나는 정말 한눈을 팔지 않고 입시 준비를 했고, 서울대학교 문리과대학 정치학과에 입학할 수 있었다.

입학 첫 해인 1958년, 여건은 그리 좋지 않았으나 '대학중의 대학, 서울 문리대'니 '대학의 낭만'이니 하면서 대학생으로서의 자유를 마음껏 구가했다. 아니 그러려고 의식적으로 노력했다.

머리는 길렀으나 신사복은 비싸서 감히 사 입을 엄두가 나지 않아 2학년이 될 때까지 교복 아니면 군복을 검게 염색한 작업복 신세를 졌다. 신발은 군화를 검은 색으로 염색한 '워커'를 신고 '마로니에 그늘'로 유명한 동숭동 캠퍼스와 그 근처를 마구 누비고 다녔다.

대학에 들어가면서 경기중학교 음악선생님의 소개로 시간제 가정교사를 하여 용돈을 벌었다. 돈이 좀 생기면 친구들과 함께 학교 앞의 '쌍과부집'을 비롯해 허름한 목로주점에서 막걸리와 소주로 얼큰한 기분을 즐겼다. 이럴 때면 늘 여기저기서 단편적으로 읽고 들은 사상가들과 이론들을 들먹이며 역사와 철학을 마구잡이로 논하곤 했다.

당시의 막걸리는 거의 모두 카바이드를 사용하여 단시간에 숙성시켜 만든 것이었다. 술이 깰 때쯤에는 머리가 깨지는 것처럼 아프고 속도 매스껍기가 이루 말할 수 없을 정도였다.

그래도 취하는 맛에 경쟁하듯이 마시고는 종로2가의 음악감상실 '돌체'에 앉아 컴컴한 조명 아래에서 몇 시간씩 숨 죽여 가며 베르디나 푸치니의 오페라를 들었다. 그러고는 오페라 아리아들의 멜로디를 생각나는 대로 흥얼거리며 어두운 밤거리를 지칠 때까지 헤매고 다녔다.

노래가 바닥나면 시를 읊기도 했는데 폴 베를렌의

'가을의 노래'[10]는 아무리 되뇌어도 싫증이 나지 않았다. 아마도 2차 대전 때 연합군이 영국의 방송을 통해 이 시를 독일에 대한 총공세의 암호로 사용했다는 사실 때문이 아닌가 싶기도 하다.

주머니가 비어 있을 때에는 중국집에 가서 손목시계를 잡히고 외상으로 술과 음식을 먹었다. 당시에는 시계가 비교적 귀하여 상표에 상관없이 시계만 잡히면 외상이 가능하였다. 시계는 내 것이던 친구의 것이던 늘 중국집에 잡혀있기 마련이었고 때로는 외상값이 너

---

10 폴 베를렌 - 가을의 노래 (전문)

가을날 비올롱의 가락
긴 흐느낌
가슴에 젖어들어
서러웁기만 하네
종소리 울려오면
가슴은 막혀
창백한 옛 기억들
눈물 흘리네
아 나는,
휩쓸려가는 바람에
이리저리 나뒹구는
낙엽같아라

무 쌓여 찾아오는 것을 포기하는 경우도 있었다.

차고 있는 시계도 없고 술값도 없을 때는 '학림다방'의 한쪽에서 커피 한 잔을 시켜놓고 형편이 좀 나은 친구가 나타날 때까지 출출하고 배고픈 처량함을 달래곤 했다.

그런 형편에서도 화제는 국가니, 사회니, 민족이니 하는 거창한 것이었다. 친구들이 속으로 무슨 생각을 하고 있었는지는 몰라도 여자에 관한 얘기는 거의 하지 않았다. 사내대장부가 쩨쩨하게 여자 얘기나 하겠느냐는 식이었다.

대학 1학년 때 학과별로 반을 짜지 않고 제2외국어를 독일어와 프랑스어 중에서 어느 것을 선택하느냐로 반 편성을 했다. 불어 중급반인 우리 반에는 불문학과를 비롯하여 인문계열의 여학생들이 많이 있었음에도 불구하고 2학년이 되어 헤어질 때까지 나뿐 아니라 다른 남학생들도 같은 반 여학생들에게 한 마디도 말을 건넨 적이 없었다. 이 사실은 당시의 남학생들과 여학생들의 관계를 잘 보여준다고 하겠다.

(학림 다방)

   정치학과의 입학생은 60명이었다. 이들 가운데 서울의 경기고와 대구의 경북고 출신이 각각 일곱 명으로 제일 많았다. 경기고 출신인 나는 자연히 경북고 출신들에게 관심을 갖게 되었고 그중에서도 두 사람과 제일 먼저 가까워지게 되었다. 한 명은 경북고 운영위원장을 하고 대학 정치학과에서는 3학년 때 학과 대표로서 4·19를 주도한 윤식(尹埴)이었다. 다른 한명은 4·19 때 서울대학교의 선언문을 쓴 이수정(李秀正)이었다.

   이수정과 친해진 것은 그가 1학년 봄 학기의 정치학

과 야유회에서 몸을 가누지 못할 정도로 술에 취하였기 때문이다. 그는 혼자 중얼거리다 가끔 노래를 불렀는데 형편없는 음치였다. 나는 그를 부축하느라 애를 먹었는데 그 일이 계기가 되어 이후로 자주 대화를 나누었다. 그도 문학을 좋아하여 서로 얘기가 잘 통했다. 나도 말이 느린 편이지만 그는 나보다도 훨씬 눌변이었다.

그러나 그는 뛰어난 문장력의 소유자였다. 그의 글은 특히 감성적인 표현에 강하여 지금까지도 명문으로 회자되는 4·19 선언문에서 나타나듯이 사람의 마음을 끄는 힘이 있었다.

내가 그의 재능을 인식한 것은 그가 서울대학교 문리대의 신문인 "새 세대"의 기자로서 쓴 기사를 읽고서부터였다. 그의 요청으로 나도 두어 번 기고한 적이 있는데 하나는 영화 "카사블랑카"의 명장면을 다루었던 것으로 기억한다. 주인공인 험프리 보가드가 술집(릭 까페)에서 독일 군인들이 부르는 독일국가에 맞서 손님들과 눈물을 흘리며 열창한 "라 마르세예즈"를 주제로 쓴 글이었다.

신진회 가입

2학년이 되면서 나의 대학생활에서나 이후의 삶에도 큰 영향을 미친 일이 일어났다. 문리대의 학생서클인 '신진회(新進會)'에 가입한 것이다.

신진회는 내가 입학하기 전부터 문리대에 있었던 서클이다. 이 서클은 우리가 입학하기 1년 전인 1957년에 이른바 '문리대 필화사건'으로 인하여 해체되었다가 회원들의 일부가 군대에 갔다가 복학함으로써 1959년에 '후진국문제연구회'의 명칭으로 재조직되었고 여기에 내가 가입했던 것이다.

이 서클은 4·19 이후 신진회로 이름을 다시 바꾸었다. 입회 당시 2학년은 나를 포함하여 일곱 명이었는데 1년 후 4·19 때 격문을 쓴 철학과의 서정복(徐正福)을 제외하고는 모두 정치학과생이었다. 앞에서 언급한 윤식과 이수정을 비롯하여 대구 출신이 많았다.

신진회에는 원래 회원들인 4학년과 대학원생, 그리고 졸업하여 사회로 나간 선배들이 십여 명 가량 있었고 3학년과 1학년생으로 우리와 함께 회원이 된 사람도 여럿 있었다.

　나의 기억으로는 4·19 이전에 관악산 삼막사에 야유회를 간 것까지 합하여 다섯 번 정도 신진회 모임을 가졌던 것 같다. 평균적으로 열다섯 명 정도가 모이지 않았는가 싶다.

　신진회 회원들의 사상적 성향은 민주사회주의의 온건파에서부터 마르크스-레닌주의의 극좌파에 이르기까지 다양해 보였다. 넓은 의미에서의 사회주의의 범주에 들어가는 진보주의자들이 대부분이었다.

　주로 한반도 분단 상황과 국제관계, 자유당의 독재와 국내 정치·경제문제, 후진국의 정치적 불안정과 근대화 문제 등이 토론의 주제였다. 6·25 전쟁의 원인에 대해서는 수정주의이론 즉, 북한의 남침으로 전쟁이 일어났으나 그 배경은 미국의 유도에 의한 것이라는 수정이론도 이 모임에서 토론되었다.

　1980년대 한국 대학의 운동권 학생들 사이에 무슨 새로운 진리나 되는 듯이 유행한 남미 학자들의 '종속이론(dependency theories)'[11] 도 거의 20년 전인 그 당시에 이미 신진회에서 토론한 바 있다. 남미 학자들이 주장한 종속이론은 레닌의 '제국주의론'이나 다를 게 없는데도 80년대 한국의 운동권 학생들은 마치 새로운 진리나 되는 양 이를 떠 받들었고, 이것은 그들의 학습의 빈곤과 이론적 수준을 말해 준다고 하겠다.

신진회 회원들은 현실에 대한 비판적인 성향을 바탕

---

11 종속이론(從屬理論) : 개발도상국의 경제발전은 중심과 주변(수도와 위성)으로 구성된 세계자본주의에 의해 규정된다는 이론. 주로 1960년대에 라틴아메리카에서 발전하여 후에 미국 등의 학계에 큰 영향을 미쳤으며 세계체제이론 등의 기초가 되었다. 종속론에는 중심은 주변을 착취하여 발전하고 주변에는 '저개발의 발전'이 일어나 중심과 주변의 격차가 더욱 벌어지고 또한 일단 주변이 된 국가는 개발이 불가능하고 정치적으로는 억압적인 체제가 된다고 논하였다. 월러스틴(Wallerstein)은 세계체제이론을 전개하는데 있어서 중심과 주변의 중간에 준(準) 주변이라는 카테고리를 두고, 주변에 있는 국가도 준주변으로 상승이동하고 더 나아가 중심으로 이동할 수 있다는 가능성을 제시하였다. 종속론은 개발도상국 경제 속의 전(前) 자본주의적인 요소를 중시하고 그것을 착취구조 속에 포함시킴으로써 중심은 보다 많은 잉여를 얻을 수 있다고 논하기도 한다. (21세기 정치학대사전, 정치학대사전편찬위원회)

으로 4·19 민주혁명의 서울대 봉기에서 매우 중요한 역할을 하였다. 이들의 민족주의적 기질은 4·19 이후 5·16 군사 쿠데타가 일어나기까지 수개월 간 전국을 시끄럽게 한 '민족통일전국학생연맹' 조직의 주도로 나타나기도 하였다.

한편 '문리대 필화사건'이 일어날 당시에 신진회와 유대를 가지고 있었던 학생조직으로는 서울대학교 법대의 '신조회', 고려대학교의 '협진회' 등이 있었고 이들 서클의 회원들도 4·19 때 적극적으로 행동에 나선 것으로 알고 있다.

1960년이 되면서 대한민국 국민들의 관심은 온통 제4대 대통령과 부통령 선거에 쏠렸다. 이번에는 과연 어떠한 선거를 치르게 될 것인가가 관심사로 떠오르지 않을 수 없었다.

1948년 8월 정부수립 이후 12년 동안 줄곧 독재체제를 구축해온 이승만은 1952년 6·25 전쟁의 피난지인 임시수도 부산에서 계엄령의 공포분위기 속에서 국회의원들을 강제 연행하여 기립표결로 발췌개헌안을 통과시켰다. 이로써 그는 대통령에 재선되었고, 1956

년에는 '사사오입'의 억지 개헌으로 3선 대통령이 되었음에도 이에 만족치 않고 4선을 시도할 참이었다.

더욱이 당시 선거는 자유당의 제2의 실력자인 이기붕이 부통령으로 출마하여 이승만과 함께 당선되어야 했기 때문에 수단과 방법을 가리지 않는 유례없는 부정선거가 될 것으로 예상되었고, 실제로 그렇게 진행되었다.

그동안의 부패정치와 독재 권력에 극도로 염증을 느낀 국민들이 이곳저곳에서 저항에 나섰고 선거를 앞둔 시기에 이미 전국은 소란으로 빠져 들었다.

1960년 2월 28일 일요일, 대구에서 야당 후보자의 선거유세장에 가지 못하게 하려고 고등학교 학생들을 강제로 등교시키자 경북고등학교를 비롯한 고등학교 학생들이 거리로 나와 항의 시위를 벌렸다. 이것이 4·19 민주혁명의 시작을 알린 2.28 사건이었다. 곧 이어 대전, 마산, 광주, 충주, 서울 등지에서 부정선거에 항의하는 고교생들의 시위가 산발적으로 계속되었다.

그 중에서도 3월 15일 선거 당일, 야당의 참관인들

을 투표소에 입장하지 못하게 한 것이 기폭제가 된 마산의 시위에서는 다수의 사상자가 발생하는 등 정치사정이 심상치 않았다.

상황이 이렇게 흘러가자 대학생들도 동요하기 시작했다. "아우들이 나섰는데 형들이 팔짱을 끼고 보고만 있어서야 되겠느냐"였다. 이 같은 생각은 특히 대구 출신들 사이에서 강하게 일어났던 것 같다. 고등학교 학생들이 들고 일어난 2.28 시위로 자극을 받았기 때문일 것이다.

한편, 사태가 점점 심각해지자 자유당 정권은 이와 같은 소요는 그동안 지하에 잠적해 있던 좌익과 친북 불순세력에 의해 조종되고 있다고 호도하려 하였다. 자유당 정권이 자행해온 야당 탄압의 수단인 '관제 공산당' 수법에 대해서는 국민들도 익히 알고 있었으며, 일단 그 덫에 걸리면 빠져 나오기가 어렵고, 빠져나오지 못하면 치러야 할 대가가 너무 크다는 사실 때문에 모두 두려워하던 터였다.

북한은 대남방송을 통해 시위를 계속 선동함으로써 자유당 정권의 주장이 사실인 것 같은 느낌을 더욱 높여 주었다. 이는 자유당 정권으로 하여금 '관제 공산당'을 많이 만들게 하여 남한이 스스로 와해되도록 하려는 심리전 차원의 책략이었다.

이러한 와중에 4월 11일, 그동안 실종되었던 고교생 김주열의 시신이 경찰이 쏜 최루탄이 이마에 박힌 채 마산 앞바다에서 처참한 모습으로 떠올랐다. 대학생들의 궐기는 언제냐가 문제이지 이미 기정사실이 되고 있었다.

(4·19 당시 거리로 나선 초등학생들)

4·19와 서울대 선언문

4월 14일, 서울대학교 문리대의 명물인 '마로니에 벤치'에서 누구라 할 것 없이 정치학과 학우들 간에 자연스럽게 시위의 조직이 논의되기 시작하였다. 일단 일주일 뒤인 21일을 'D-데이'로 잡기로 합의하였다.

그 후 정치학과 합동연구실과 의과대학의 함춘원 등에서 두어 차례 모임을 더 갖고 시위에 필요한 준비물, 인원 동원, 다른 대학과의 연대행동 등 구체적인 의논과 역할 분담을 하였다. 나는 선언문을 작성하는 역할을 맡았다.

한편, 대학들의 분위기가 심상치 않자 동숭동 캠퍼스에 대한 경찰의 사찰도 부쩍 강화되는 것 같았다. 그러던 중 4월 18일 오전에 고려대로부터 그날 있을 신입생 환영회를 계기로 시위에 나서겠다는 연락이 왔다. 서울대쪽에서도 행동 개시를 19일로 앞당기지 않을 수 없게 되었다. 갑자기 계획을 바꾸는 바람에 모두가 바빠졌는데 특히 선언문을 작성하기로 한 나로서는 서두르지 않을 수 없었다.

점심식사도 제쳐놓고 문리대에서 가장 크고 점심시간이면 비교적 조용한 제7강의실의 안쪽, 그것도 눈에 잘 띠지 않는 구석진 자리에 앉아 나는 선언문을 쓰기 시작하였다.

진리를 탐구하는 대학생으로서 극한점에 이른 자유당의 폭정과 부정선거를 양심상 더 이상 좌시할 수 없어 궐기하니 우리의 행동을 친북 불순세력의 사주에 의한 것으로 모함하지 말 것, 그동안 권력과 물욕에 눈이 먼 자들을 끌어 모아 가부장적인 독재 권력을 구축해 온 이승만은 지금이라도 대통령직에서 물러나 국민들에게 사죄하고 제대로 된 선거를 다시 실시함으로써 더 이상 역사에 죄를 짓지 말 것 등을 강조한다는 취지였다.

그러나 오후 수업 때문에 입실하는 학생들의 수가 하나 둘 늘어나면서 이따금씩 형사로 보이는 사람이 교실 안의 동정을 살피기나 하듯이 창문을 통해 기웃거리자 신경이 쓰였다. 머릿속에 요지는 있으나 도무지 문장이 멋지게 흘러가지 않았다. 게다가 서너 시간 안에 마쳐야만 등사판 인쇄가 가능하다는 강박관념까지 겹쳐 더욱 초조하였고, 초조하니 글이 잘 안되고 나중에는 머리가 지끈지끈 아프기 시작하였다.

내가 이러고 있을 때 이수정이 제7강의실에 나타났다. 당시는 4월 1일에 봄 학기가 시작되었는데 학기 초에는 교수들에 의한 휴강이 잦아서 지방 학생들은 느지막이 추가등록 때에나 상경하는 경우가 많았다. 이수정도 바로 전날 대구에서 올라왔다고 한다. 나로서는 구세주를 만난 기분이었다.

그동안의 시위 계획을 설명하고, 머리가 몹시 아파 그러니 나대신 선언문을 쓰라고 그에게 간청하였다. 그리고 우선 장소부터 다른 곳으로 옮기자고 했다. 이수정과 나는 학교 근처에 있는 그의 하숙방으로 갔다. 가는 도중에 만났는지, 그냥 이수정의 하숙방에 들렀다가 우리를 만났는지는 확실치 않으나 철학과의 서정복도 자리를 같이 하게 되었다.

마침 이수정이 집에서 가지고 온 포항 포도주가 한 병 있어서 셋이서 포도주부터 마셨다. 기분이 얼큰해지자 나는 내가 쓰려던 요지를 이수정에게 설명하면서 우리의 행동이 결코 '불순분자'들의 조종에 의한 것이나 어느 정치세력의 사주에 의한 것이 아니며, 대학생으로서의 순수한 양심에 의한 것임을 특히 강조하라고 했다. 나의 말을 듣자마자 이수정은 곧 방바닥에 배를 붙이고 엎드린 채로 선언문을 쓰기 시작했다.

> [서울대학교 문리대 4·19선언문]
>
> 상아의 진리탑을 박차고 거리에 나선 우리는 질풍과 같은 역사의 조류에 자신을 참여시킴으로써 이성과 진리, 그리고 자유의 대학정신을 현실의 참담한 박토에 뿌리려 하는 바이다.
> 오늘의 우리는 자신들의 지성과 양심의 엄숙한 명령으로 하여 사악과 잔학의 현상을 규탄광정하려는 주체적 판단과 사명감의 발로임을 떳떳이 선명(宣明)하는 바이다.
> 우리의 지성은 암담한 이 거리의 현상이 민주와 자유를 위장한 전제주의의 표독한 전횡에 기인한 것임을 단정한다. 무릇 모든 민주주의의 정치사는 자유의 투쟁사다.
> 그것은 또한 여하한 형태의 전제도 민중 앞에 군림하는 종이로 만든 호랑이같이 헤설픈 것임을 교시한다.

근대적 민주주의의 기간은 자유다.

우리에게서 자유는 상실되어가고 있다는 것을, 아니 송두리째 박탈되고 있다는 것을 우리는 이성의 혜안으로 직시한다.

이제 막 자유의 전장엔 불이 붙기 시작했다. 정당히 가져야 할 권리를 탈환하기 위한 자유의 투쟁은 요원의 불길처럼 번져가고 있다.

자유의 전역(戰域)은 바야흐로 풍성해 가고 있는 것이다. 민주주의와 민중의 공복이며 중립적 권력체인 관료와 경찰은 민주를 위장한 가부장적 전제권력의 하수인으로 발 벗었다.

민주주의 이념의 최저의 공리인 선거권마저 권력의 마수 앞에 농단되었다.

언론 출판 집회 결사 및 사상의 자유의 불빛은 무식한 전제권력의 악랄한 발악으로 하여 깜박이던 빛조차 사라졌다.

긴 칠흑과 같은 밤의 계속이다.

나이 어린 학생 김주열의 참시(慘屍)를 보라! 그것은 가식 없는 전제주의 전횡의 발가벗은 나상(裸像) 밖에 아무것도 아니다.

저들을 보라! 비굴하게도 위하와 폭력으로 우리들을 대하려 한다. 우리는 백보를 양보하고라도 인간적으로 부르짖어야 할 같은 학구(學究)의 양심을 강렬히 느낀다.

보라! 우리는 기쁨에 넘쳐 자유의 횃불을 올린다.

보라! 우리는 캄캄한 밤의 침묵에 자유의 종을 난타하는 타수의 일익(一翼)임을 자랑한다. 일제의 철퇴 아래 미친 듯 자유를 환호한 나의 아버지, 나의 형들과 같이.

양심은 부끄럽지 않다. 외롭지도 않다. 영원한 민주주의의 사수파는 영광스럽기만 하다.

보라! 현실의 뒷골목에서 용기 없는 자학을 되씹는 자까지 우리의 대열을 따른다.

나가자! 자유의 비밀은 용기일 뿐이다.

우리의 대열은 이성과 양심과 평화, 그리고 자유에의 열렬한 사랑의 대열이다.

모든 법은 우리를 보장한다.

1960년 4월 19일
서울대학교 문리과 대학 학생일동

한편, 곁에서 선언문 작성을 보고 있던 서정복도 격문을 쓰겠다고 자청해 나섰다. 여기에 그 내용도 소개한다.

〈격문〉

여기 대학의 양심은 증언한다. 우리는 보다 안타까이 조국을 사랑하기에 보다 많이 조국의 운명을 염려한다.
우리는 공산당과의 투쟁에서 피를 흘려온 것처럼 우리는 또한 사이비 민주주의 독재를 배격한다. 조국에의 사랑과 염원이 맹목적 분격에 흐를까 우리는 얼마나 참아왔는가?
보라! 각 가지의 부정과 사회악이 민족적 정기의 심판을 받을 때는 왔다. 이제 우리는 대학의 엄연한 양심으로 일어나노니 총 칼로 저지 말라.
우리는 살아있다.
동포의 무참한 살상 앞에 안일만을 탐할 소냐, 한숨만 쉴 소냐!
학도여! 우리 모두 정의를 위하여 총궐기하자!

이렇게 서울대학교의 4·19 선언문과 격문이 완성되었는데, 내가 몇 군데 어휘와 윤문을 위해 약간 수정한 것 외에 이수정은 별로 시간을 끌지 않고 선언문을 마쳤다. 우리는 완성된 선언문과 격문을 가지고 정치학과 합동연구실로 달려갔다. 선언문은 정치학과 학우 가운데 글씨를 잘 쓰던 경북고 출신의 황선필(黃善必)에 의해 유지(油紙)에 옮겨 써진 후, 등사판 프린트로 수백 장을 만들었다.

서정복의 격문은 문리대와 법대 게시판에 붙이기 위해 이수정이 붓으로 전지에 옮겨 썼던 기억이 난다. 후일담이지만, 칭찬에 인색하다고 알려진 문리대의 이용희(李用熙) 교수도 이수정의 선언문을 읽고 나서 '족탈불급'이라고 극찬했다고 한다.

피의 화요일, 1960년 4월 19일

4월 19일 아침, 비장한 기분으로 집을 나섰다. 새벽에 배달된 조간신문을 통해 전날 고려대생들이 시위하다가 동원된 폭력배들에 의해 테러를 당해 길거리에 즐비하게 쓰러져 있는 사진과 관련기사를 보았기 때문에 잔뜩 긴장하고 있었다. 동숭동 캠퍼스에 도착한 것은 8시 반 경이었는데 이미 격문은 게시판에 나붙었고 여기저기서 선언문이 배포되어 정문에 학생들이 모여들기 시작했고, 교정에는 긴장과 열기가 고조되고 있었다.

일부 학우들은 시위 동참을 권고하려고 가까이 있는 법과대학, 수의과대학, 의과대학, 미술대학, 음악대학으로 달려가고 있었다. 나는 늘 학생들로 가득 차있는 중앙도서관으로 달음질 해가서 시위에 동참해달라고 큰 소리로 외쳤다. 이에 대부분의 학생들이 즉각적인 반응을 보이면서 도서관 밖으로 몰려나왔다.

그리고 미리 준비해두었다가 감추어 놓은 플래카드가 등장하면서 정문에서는 자동적으로 대오가 형성되었다. 플래카드에는 "데모가 이적이냐, 폭정이 이적이냐", "민주주의 바로잡아 공산주의 타도하자" 등이 쓰여 있었던 것으로 기억된다.

누군가가 "나가자!"를 외치자 300명가량의 시위대는 정문을 나서 종로5가 방향으로 움직이기 시작했고 등교 길의 학우들과 음대와 의대생들이 합세하면서 시위대는 커져갔다. 그러나 100미터도 채 못가서 우리를 기다리던 검은 제복에 모자 끈을 턱에 건 경찰 대열을 맞닥뜨리게 된다.

앞 대열이 다소 주춤하자 뒤에서 "동요 말고 계속 갑시다."라는 소리가 들렸고 대열 전체는 더 큰 목소리로 구호를 외쳤다. 계속 앞으로 나아가자 경찰은 경찰봉을 휘두르기 시작했다. 나는 앞에서 둘째 줄에 있었는데 어깨와 머리를 얻어맞았다. 어깨를 맞은 것은 나중에서야 통증과 멍든 것으로 알았지만 당장은 머리에서 피가 심하게 흘러내리는 바람에 꼼짝할 수가 없어서 땅바닥에 주저앉고 말았다.

그리고 경찰들이 계속 쫓아가며 학우들을 때리는 모습과 대열이 삽시간에 흩어지는 것을 보았다. 나는 그 혼란 속에서도 같은 대열에 있던 중문학과의 권혁조 학우의 도움으로 인근의 개인병원에 가서 치료를 받을 수 있었다. 다행히 머리뼈는 안 깨지고 두피가 많이 찢어져서 십여 바늘을 꿰맸다.

돈이 없기도 했지만 의사 선생님은 치료비를 받지 않았다. 출혈이 많았으니 안정을 취해야 한다고 하여 나는 집으로 와서 드러누웠다. 어느덧 잠이 들어 저녁시간 어두워진 뒤에야 일어났는데 동시다발적인 시위로 전국이 발칵 뒤집히고, 사상자도 많이 생기고, 계엄령으로 군대까지 동원된 것을 알았다.

며칠 동안 머리의 상처가 아물기를 기다리며 집에 있었다. 그리고 이기붕 일가의 자살, 교수들의 데모, 이승만의 하야 등이 이어져 세상이 바뀌는 것을 볼 수 있었다.

인생은 새옹지마(塞翁之馬)라고 했던가. 경찰봉에 머리를 다쳤을 때는 운이 매우 나빴다고 생각했다. 그러나 부상이 없었다면 나는 필시 경무대까지 갔을 것이고, 거기서 무슨 일을 당했을지는 알 수가 없는 일이었다. 실제로 수학과의 김치오(金致梧) 학우는 경무대 입구까지 가서 총에 맞아 숨겼다.

4월 민주혁명은 이 땅에서 일어난 최초의 전국적인 민주화운동으로서 대한민국의 역사에서 커다란 변혁을 가져온 사건이었다. 우리의 국가나 사회뿐 아니라 구성원인 개인들에게도 많은 영향을 미친 만큼, 4·19가 4·19세대 개개인에게 순 의미는 4·19 이후의 일과 관련지어 고찰하는 것이 더 중요할지도 모른다. 나를 포함하여 앞에서 짧게 소개한 친구들뿐만 아니라 언급되지는 않았지만 내가 아는 많은 사람들이 4·19 이후에 살아 온 역정을 보면 4·19는 끝이 아니라 새로운 시작이었다.

4·19 이후의 한국사회

4·19 민주혁명은 조직화된 중심세력이나 주체가 있어서 이들에 의해 추진된 혁명이 아니었고, 자유당 정권의 독재와 불의에 분노한 학생들이 거의 동시에 전국적으로 궐기하고 일반 시민들이 이에 합세함으로써 이루어진 혁명이었다. 운동의 주체가 없다는 점에서 4·19는 일제의 통치에 항거하여 일어난 3.1 운동과 유사성을 갖는다고 할 수 있다.

조직된 혁명의 주체가 없다는 것은 새로운 혼란을 예고하는 것이기도 하였다. 이승만의 하야와 하와이로의 망명, 자유당 정권의 몰락으로 4·19를 유발한 원인은 일단은 제거된 것으로 보였지만 혁명 이후의 새로운 국가와 사회의 건설이라는 중대 과업을 수행하기에는 부족한 점이 있었다. 일부 학생들은 혁명 이후의 과제와 관련하여 '새생활운동대', '농촌계몽대', '자립경제추진단' 같은 것을 조직하여 지방으로 갔으나 경비를 충당할 돈이 없어서 지속적인 국민운동을 벌린다는 것은 불가능하였다.

학생들이 4·19를 촉발하였지만 그렇다고 학생들이 정권을 장악할 수는 없는 것이었기에 기성 정치인들과 정당들이 7.29 총선거를 치러 정부를 새로 조직하기를 기다리는 것 외에 별다른 방법이 없었다.

4·19 직후 우리 사회에서 가장 두드러진 변화는 두 가지 들 수 있다. 무엇보다도 그동안 억눌려 왔던 언론의 자유와 결사의 자유가 일시에 분출되어 거의 해방 직후의 상황에 비교되리만큼 사회가 무질서와 혼란 속에 빠져든 것이다.

지역에 관계없이 4·19 혁명의 대표적인 슬로건이 '자유, 민주, 정의'였는데, 세 가지 요구에서 '자유'가 첫 머리에 온 것을 보면 그동안 국민들이 얼마나 이승만의 독재체제에 시달렸는지를 말해 준다고 하겠다.

4·19 당시 슬로건에서 경제적 '평등'이 거론되지 않았던 것은 자유당 치하에서 국민들은 연간 국민소득이 미화 60달러 정도였고 '빈곤의 평등'이라 할까 산업화 이전이어서 경제적 계급분화가 아직 이뤄지지 않았으며, 국민 대부분이 농민으로 가난했기 때문에 '있는 자'와 '없는 자' 사이의 갈등은 거의 없었던 사실에서 연유한다.

4·19 직후의 사회혼란을 보여주는 대표적인 현상은 '데모공화국'이라 불릴 정도로, 하루도 데모 없이 지나가는 날이 없을 정도로 크고 작은 데모가 지속되었던 점이다. 심지어 경찰과 군인까지 길거리에서 시위를 하는가 하면 초등학교 아동들이 무리지어 구호를 외쳤다.

이러한 혼란 속에서 경찰은 있었으나 자유당 시절에 부정선거에 직, 간접적으로 연루되고 야당에 대한 정치적 탄압에 이용된 과거의 행적 때문에 극도로 사기가 위축되어 있었다. 경찰은 사회질서 유지를 위한 공권력으로서의 역할에 별로 신경 쓰는 것 같지가 않았다.

이러한 상황에서 7.29 총선거를 통해 그동안 야당이었던 민주당이 집권하는 제2공화국이 출범하게 된다. 그러나 쉽게 권력을 장악하면 권력 내부의 싸움은 격심해지기 마련인데, 4·19 혁명으로 흘린 학생들의 피로 집권하게 된 민주당의 경우가 바로 그러하였다. 민주당 구파와 신파 간의 갈등은 지속되었으며 제2공화국의 대통령에 구파의 윤보선, 국무총리에 신파의 장면으로 결정된 이후 새 정부에서 하여야 할 일이 산적해 있음에도 불구하고 당의 분열로 인해 유기적인 대응이 전혀 이루어지지 못했다.

사회적 불안과 혼란은 계속되었고 무능한 정부에 대한 국민의 불만은 커져만 갔다. 내각책임제로 집권한 민주당 정권은 10개월도 채 못 되어 쿠데타를 일으킨 군부에게 정권을 내주게 된다.

평화통일 논의의 시작

4·19 직후 등장한 또 하나의 변화는 평화통일 논의이다. 초대 농림부장관으로 뒷날 이승만과 경합하여 대통령 선거에도 출마했던 진보당의 조봉암이 평화통

일을 주장하다가 간첩죄로 처형당한 이후 자유당 시절에는 무력에 의한 북진통일 이외에 다른 방식의 통일을 말하는 것 자체가 금기시되었다.

4·19 혁명으로 자유당 정권을 무너뜨린 학생들은 6·25 전쟁의 참상을 겪었기 때문에 차라리 분단 상태가 계속되더라도 같은 민족끼리 또 다시 전쟁을 하는 것은 피해야 한다고 생각하고 있었다. 한편으론 북진통일 주장은 자유당의 영구집권을 위한 하나의 수단이지 실효성은 없다고 보았다.

더욱이 4·19 이후 전국 대학가에는 이전과 다른 분위기가 조성되었다. 첫째, 기성세대에 대한 철저한 불신이다. 기성세대는 무능할 뿐만 아니라 무책임하기 때문에 절대로 그대로 따라가서는 안 된다는 것이었다.

둘째, 노력하면 현실은 개선될 수 있다는 적극성이다. 대학생들이 4·19의 후속 작업으로 눈을 돌린 것이 통일운동이었다. 이들이 보기에는 6·25 전쟁은 물론이고 북한의 김일성 독재나 남한의 이승만 독재, 그리고 경제적 빈곤이나 이산가족 등 한반도에서 일어난 모든 불행의 원인은 대부분 나라가 남북으로 분단된 데에서 오는 것이기에 이 땅의 청년 학도는 당연히 통일운동에 나서야 한다는 것이었다. 이러한 배경에서 출현한 것이 '서울대학교 민족통일연맹'이다.

chapter 4

서울대 민족통일연맹 결성과 남북학생회담 제의

서울대 민족통일연맹 결성과 남북학생회담 제의

4·19 혁명 후, 첫 여름방학을 농촌계몽운동 등으로 보내고 가을학기를 맞은 서울대학교 학생들, 그중에서 특히 동숭동에 있는 문리과대학과 법과대학의 학생들은 서울대학교 민족통일연맹(약칭: 서울대 민통연)을 결성하기 위해 10월부터 준비 모임을 갖기 시작하였다. 두 대학의 강의실 또는 구내다방을 이용하거나 대학 인근의 학림다방과 대학다방에서 모임을 자주 가졌다.

문리대의 경우 서울대 민통연의 조직에서도 4·19 때와 마찬가지로 '신진회' 회원들이 열성적으로 나섰다. 4·19 혁명을 경험해서인지 일반 학생들의 호응도 높았다.

1960년 11월 1일 오후 2시 동숭동 서울대 강당에서

"남한 쌀, 이북 전기"의 표어를 내걸고, 발기인 264명이 모여 150명가량의 참관인들의 입회하에 서울대학교 민족통일연맹의 창립대회를 가졌다. 참가자들은 대회에서 다음의 선언문을 채택하였다

 1. 구세대는 우리나라의 분단에 대한 그들의 도덕적 책임을 인식하고 민족통일에 대한 젊은 세대의 올바른 견해를 무시하거나 억압할 권리가 없음을 시인하여야 한다.
 2. 남한의 모든 정당과 사회단체들은 북한의 조선노동당과 경쟁해야 하는 전 한국 보통선거를 대비한 준비를 해야 한다.
 3. 정부는 통일문제에 관하여 냉엄한 현실에 입각한 적극적 자세를 가져야 한다. 이러한 적극적 정책을 표시하기 위해서 장면 국무총리는 미국과 소련을 특별히 방문하여 그 지도자들과 협의해야 한다.
 4. 세계인권선언에서 보장된 표현의 자유가 남북한을 통하여 가능한 한 빨리 실현되어야 한다.

 선언문은 북한의 평화공세에 늘 수세적인 태도를 보인 장면 정권에게 약소민족의 패배의식에서 벗어날 것과 통일을 외세에 의존할 게 아니라 우리민족 스스로

이루어 낼 것을 천명한 것이었다.

창립대회에서는 조직을 이끌 주요 간부진을 결정하였다. 주요 부서와 책임자는 중앙위원회 위원장 윤식(문리대 정치학과), 기획위원장 김석조(법대), 조직위원장 황건(법대), 홍보부장 이영일(문리대 정치학과), 동원부장 심재택(법대), 대변인 이수정(문리대 정치학과), 대의원회 의장 윤용남(법대), 그리고 학술위원장 겸 통일문제연구회장 유세희(문리대 정치학과) 등이었다.

서울대 민통연의 출현은 당시 언론보도 등으로 보건데 우리 사회에 적지 않은 파문을 일으킨 것 같았다. 우선 한국외대, 성균관대, 경희대, 건국대, 홍익대 등 서울대 이외의 대학들에서도 민족통일연맹이 결성되었고, 일부 지방 대학들에서도 이에 호응하는 움직임이 있었다. 학생들이 평화통일을 주장하고 나서자 기성세대도 '민족자주통일협의회'와 같은 평화통일 지지 단체를 만들기 시작했다.

그리하여 평화통일은 4·19 혁명이 제기한 3대 시대정신, 즉 자유, 민주, 정의에 이어 네 번째의 시대정신으로 급부상하였다.

북한의 대남방송

한편, 북한은 예상대로 연일 대남방송을 통하여 남한의 이 같은 움직임을 적극 지지한다고 표명함으로써 남한 내부의 분열을 조장하기에 바빴다.

대학생들은 자신의 통일운동이 기존의 통일 논의와는 다른 면모를 보여야 한다고 생각하게 되었고, 그 결과는 '남북학생회담'의 제의였다. 내 기억으로는 남북학생회담은 재주꾼으로 알려진 문리대 사회학과의 황활원의 아이디어였다. 그 말이 나오자 그 자리에 있던 동료들이 모두 찬동의 박수를 쳤다.

그러나 곧 한쪽에서는 회담의 의제는 무엇으로 할 건지, 과연 이 회담이 성사될 수 있겠는지 등의 회의적인 반응으로 장내가 약간 소란스러워졌다. 나는 가능한 한 입을 다물고 학우들의 생각을 듣기로 하고 분위기를 관찰하고 있었다. 논의의 분위기가 남북학생회담 개최에 대해 소극적이고 부정적인 방향으로 흘러갈 즈음에 나는 참고 있던 말을 하지 않을 수 없었다.

　내가 한 몇 차례의 발언을 요약하면 다음과 같다. "8·15 해방으로 우리나라가 즉시 하나의 독립국가가 되지 못하고 남북으로 분단된 일차적인 책임은 미국과 소련에 있지만, 이에 저항하지 않고 분단을 그대로 받아들여 남과 북의 정부를 꾸린 이승만과 김일성, 그리고 그들의 추종세력에게도 상당한 책임이 있다. 우리는 분단에 책임이 있는 이승만을 이미 쫓아냈으니 북한 학생들에게 너희도 통일을 원한다면 김일성을 쫓아내라고 하면 되겠다."(이 말에 모두 박장대소했다.)
　"북한의 특성상, 남북학생회담으로 당장에 만족할 만한 성과를 기대하기는 어렵겠지만 북한, 미국, 소련, 그리고 북한 대학생들에게 남한 대학생들의 기개와 통일에 관한 집념을 보여주는 것 하나만으로도 이 회담은 충분히 가치가 있다고 생각한다." "천리 길도 한 걸음부터다. 우리 모두 통일의 행군을 시작 합시다."

가자 북으로! 오라 남으로!

　'민족통일연맹'이 서울대학교를 비롯하여 여러 대학

에서 조직이 되면서 자연히 이 조직들을 유기적으로 연결하는 중심체인 '민족통일전국학생연맹'의 결성을 논의하기에 이르렀다. 1961년 5월 5일 동숭동의 서울 문리대 구내 다방에서 각 대학 대표 30여명이 모여 전국학생연맹 결성준비위원회 모임을 가졌다.

 이 모임에서 5월 중에 판문점에서 남북학생회담을 갖는다는 계획이 발표되었다. "가자 북으로, 오라 남으로."라는 슬로건과 함께 '판문점에서의 남북학생회담' 추진은 즉시 언론에 보도가 되었다. 남북학생회담 계획은 그 극적인 내용 때문에 서울대학교 민족통일연맹의 결성 때보다 오히려 더 큰 사회적 반향을 일으켰던 것 같다.

 과연 우리의 생각대로 남북학생회담이 열릴 수 있을지를 둘러싸고 학생들 간에 말이 많았다. 예컨대, 학생회담 장소로 6·25 전쟁의 휴전회담이 열렸던 곳을 사용하려면 남북한 두 개 정부의 협조는 물론이고 판문점지역을 관리하던 유엔군사령부의 허가도 얻어 내야 하는데 그것이 결코 쉬운 일이 아니라는 지적이 있었다. 더군다나 5월 말 이전에 회담을 갖는다는 것은 물리적으로 불가능하다는 비판도 있었다.

그러나 '적극 추진파'는 비록 남북학생회담이 성사되지 못하더라도 그동안 늘 북한이 평화공세를 취해 왔고 남쪽은 방어적인 태도로 일관하였는데 남한의 청년학생들은 기성세대와 다르다는 것을 남북한 당국자들과 미국과 소련에 보여 주는 것만으로도 회담 추진은 충분히 의미가 있다는 입장이었다. 나는 학생회담 '적극 추진파'에 속하였지만 학생들이 너무 감성에 치우치는 것이 다소 불안하였다.

나는 사태가 돌아가는 것을 좀 더 보면서 통일운동이 지나치게 비현실적으로 나갈 경우에는 나라도 제동을 걸기로 작정하고 있었다. 그러나 열흘도 채 안되어 5·16 군사쿠데타가 터지고, 하루아침에 세상이 바뀌어 민족통일전국학생연맹의 구성원들이 잡혀가면서 '판문점 남북학생회담'의 추진은 고사하고 논의 자체가 사라지고 말았다.

(5.16이 있기 불과 3일전인 1961.5.13. 남북학생회담을 지지하는 군중들이 을지로~종로를 행진하며 '가자 북으로! 오라 남으로!' 라는 현수막을 들고 있다.)

chapter 5

5·16 군사쿠데타와
유원식 대령

5·16 군사쿠데타와 유원식 대령

　1961년 4월 1일 정오 무렵, 단주 유림 선생, 즉 나의 종조부님이 돌아가셨다. 종조부를 돌보아오던 여성 당원으로부터 종조부의 위급함을 알리는 기별을 받고 선친과 제기동으로 달려갔으나 이미 운명하신 뒤였다. 아침에 뜰에서 꽃나무에 물을 주시다가 심장마비로 쓰러지신 것이다. 방에 모셔진 종조부는 평소의 복장 그대로 똑바로 천정을 향해 누어 계셨다. 향년 63세였다.

　종조부와 함께 충칭(重慶)에서 대한민국 임시정부의 국무위원이었고 누구보다도 각별한 사이였던 심산 김창숙 옹이 도착하자마자 "단주 왜 갔노?"를 반복하며 통곡하는데 어찌나 애통해 하던지 나는 노인이 그렇게 통곡하는 것을 난생 처음 보았다.

　조금 뒤에 종숙부인 외아들 유원식 대령이 당도하였

다. 살아 계셨더라면 고개를 돌리거나 "당장 나가거라."하고 말할 종조부였지만 이 날은 누운 채 가만히 계셨고 종숙은 숨죽여 곡소리를 내었다.

종조부는 당신이 돌아가신 뒤에야 이렇게 외아들과 상봉한 것이다. 이러한 부자상봉을 보며 '인생무상'이랄까 묘한 느낌이 들었다. 며칠 뒤 시청 광장에서 사회장으로 장례식이 치러졌고 종조부님은 수유리 북한산 자락에 묻히셨다.

4·19 대학생과 5·16 군인의 만남

4·19 혁명 1주년을 한 열흘쯤 남겨 놓은 1961년 4월 10일 경이었다. 종숙인 유원식 대령이 좀 보자고 하여 나는 오후 네 시쯤 삼선교 근처에 있는 그의 집으로 갔다.

종숙 혼자 있어서 집안은 조용했는데 얘기가 오가면서 결국 만나자고 한 이유가 당시 시국에 대하여 학생들은 어떻게 생각하고 있는지를 알고자 한 것이었음을 알게 되었다.

가뜩이나 평소에 종숙을 별로 좋아하지 않았던 데다가 "군인이 학생들의 생각을 알아 무엇 하겠다는 거냐?" 하는 생각이 들자 나의 대답은 자연히 퉁명스러워 졌다.

내가 종숙을 싫어한 이유는 여러 가지였다. 우선 아버지는 독립운동을 하는데 자식 된 몸으로 일본군에 입대함으로써 우리 종조부의 명예를 더럽혔다는 사실이 맘에 들지 않았다.

거기에서 시작하여 그의 과장하는 습관, 특히 마음에 들지 않거나 화나면 비록 대면해서는 아닐지라도 욕설을 해대는 험한 말투가 싫었다. 두뇌는 명석한 것 같은데 지성인의 기품이 없고 탐욕스러웠다.

그는 자신이 육군의 '3대 대포' 중의 하나라고 자랑하곤 했으며, 과장(誇張)이 심하면 거짓말이 된다는 사실에 대해 전혀 개의치 않았다.

종숙부와의 대화는 마침내 당시의 상황에서 "군이 쿠데타를 일으키는 것을 너는 어떻게 생각하느냐?"는 질문에 이르렀다. 나는 "국가를 위해서 매우 불행한 일이 될 겁니다."라고 응대했다. 그리고 그의 아픈 곳을 찔렀다.

"한국군은 식민통치에 저항했던 독립군이 독립 후에 군대의 주축을 이룬 버마와는 달리 일본 천황폐하를 위해 충성을 맹세한 일본군과 만주군 출신이 장악하고 있어서 우선 정신 상태에서 국민의 지지를 받기가 어려울 것이고, 4·19 혁명으로 모처럼 찾은 민주주의에도 역행하는 것이 될 것이다."라고 말했다.

그러자 종숙과 나의 대화는 감정 섞인 언쟁이 되고 말았다. 이 와중에 그는 자신의 쿠데타 언급을 내가 그냥 허풍 떠는 것으로 듣는다고 생각했던지 일어나서 잡지를 하나 들고 왔다.
표지는 일본 잡지인 "주부의 벗(主婦之友)"이었는데 그 잡지 속에 끼어 놓은 8절지 크기의 백지에 여러 기관들을 그려 넣은 도표를 보여 주었다.

기관총 세례를 받을 각오하라

그것은 놀랍게도 정권을 장악한 후의 국가조직도였

다. 도표의 중앙에는 '조국재건위원회'라는 것이 있었다. 이것이 5·16 쿠데타 후에 '국가재건최고회의'로 명칭이 바뀌어 등장한 것이다. '국회'는 그저 형식적으로 도표의 오른 쪽 끝에 아주 작게 그려져 있었다.

"아저씨가 지금 무슨 생각을 하고 있는지 모르겠으나 학생들은 이런 군의 정치개입에 찬동하지 않을 걸요." 라고 나는 말했다.

그러자 "그렇다면 기관총 세례를 받을 각오를 해라." 라고 하면서 "너는 나와 생각이 다르다만 그래도 나의 조카이니 오늘 이 일을 절대로 발설하지 않을 것으로 믿는다."라고 말하는 것이었다. 종숙과의 대화는 이렇게 끝이 났다.

며칠 지나 종숙이 또 보자고 하여 삼선교 집으로 갔다. 나는 가면서 오늘은 절대로 흥분하지 말고 예의도 지키자고 속으로 다짐을 하였다. 그가 보자고 한 것은 며칠 후 4·19 1주년인데 학생들이 무슨 계획을 하고 있는지를 알기 위해서인 것 같았다.

나는 "장면 정권이 무능하기도 하고 신구파가 서로 싸우느라 국민들의 지탄을 받고는 있지만, 그렇다고 데모로 몰아세우기만 한다면 결과적으로 김일성에게 좋은 일만 하는 것이 되지 않겠느냐."고 말했다.

그러자 그는 "지난번에는 네 말이 이북의 대남방송 비슷하더니 오늘은 많이 건실해졌구나"라고 하면서 "그래도 가만히 있으면 안 되는 것 아니냐?"라고 말하는 것이었다.

그러나 그의 희망과는 반대로 4월 19일, 4·19 일주년을 맞아 학생들은 사망한 학생들을 추모하고 부상자를 위문하는 한편, 일부는 대열을 지어 플래카드를 들고 시가 행진을 하였지만, 구호도 외치지 않고 조용하게 질서 있는 하루를 보냈다.

뒷날 알려졌지만 4·19 일주년을 맞아 서울이 데모에 휩싸일 경우 질서 유지라는 명분으로 군이 출동하여 그 길로 정권을 장악하려 하였다고 한다.

유원식(柳原植 1914년~1987년) 대령은 누구인가

경북 안동출신으로 독립운동가인 단주 유림의 외아들이다. 일제 강점기에 태어난 그는 일본군에 입대하였는데 아버지 유림은 아들인 유원식이 만주군 장교가 되었다는 이유로 부자 관계를 단절하였고, 결국 이후 아버지를 평생 다시 만나지 못했다.

일본군 입대 이후, 만주군에서 대위 계급을 받았던 그는 태평양 전쟁 종전 후에는 대한민국으로 내려와 육군사관학교를 제8기로 졸업하고 한국군 장교로 변신, 한국전쟁에 참전했다.

1960년 육군본부 군 개발국 차장이 되었고 1961년 육군 대령으로 복무 중 박정희와 함께 5·16 군사정변을 주도했다. 정변 성공 후에는 국가재건최고회의 재정경제위원장으로 활동했다. 1963년에 육군 준장으로 예편했다.

군정 기간 동안 통화개혁과 세제개혁을 주도하고 한국증권거래소 이사장에 오르는 등 경제 부문의 핵심적 역할을 담당했다.

그러나 민주공화당 창당 과정에서 김종필을 공개적으로 비판했고, 김종필의 중앙정보부가 적발한 증권 파동에 연루되어 구속되었다. 이후 박정희나 김종필이 주는 직책이나 자리를 스스로 사양했다고 한다. 나중에는 "윤보선이

5·16 군사정변을 알고도 묵인했다"는 식의 주장을 펼쳐 논란이 벌어지기도 했다.

저서로는 《5·16 비록(祕錄), 혁명은 어디로 갔나》(인물연구소, 1987)가 있다.

(종숙, 유원식 대령)

교수님, 군사쿠데타 가능성을 어떻게 보십니까?

5월이 되면서 민족통일연맹의 전국조직으로 바빴지만 종숙부의 쿠데타 얘기가 마음의 한 구석에서 떠나지 않았다. 5월 6일 아니면 7일로 기억하는데, 윤식과 함께 혜화동의 이용희 교수 댁으로 저녁 식사를 마쳤을 8시쯤 찾아 갔다.

"한국에서 군사 쿠데타가 일어나서 군부가 정권을 장악할 가능성을 어떻게 보느냐"는 질문에 이 교수는 "정치학과생으로 질문이 겨우 이것이냐"는 말로 핀잔부터 주었다. 한국군의 병력 이동은 비록 중대급 이하의 소규모라도 미 8군사령관의 승인 없이는 불가능한데 어떻게 쿠데타가 가능하겠느냐는 것이었다.

그는 6·25 전쟁이 나자마자 이승만 대통령이 한국군의 '작전지휘권'을 맥아더 유엔군 사령관에게 이양한 이후로 한국군은 계속 유엔군 사령관을 겸하고 있는 미 8군사령관의 지휘와 통제 속에 있음을 지적했던 것이다. 말도 안 되는 질문을 하였다고 야단은 맞았지만 군의 쿠데타는 불가능하다니까 기분은 무척 좋았다.

그러나 2주도 채 안 가서 자고 일어나니 군대 세상이 되어 있었다. 조선일보 조간에 실린 사진으로 본 박정희의 첫 인상은 좋지 않았다. 깡마른데다가 검은 안경을 써서 그런지 목숨을 걸고 정변을 일으킬 수 있을 만큼 독해 보이기는 했으나 덕이 없어 보여 왠지 그와 측근들의 끝은 좋지 않을 것 같은 느낌이 들었다.

그 다음날 나는 경찰에 연행되어 동대문경찰서로 갔다가 하루 뒤 중부경찰서 유치장에 수감되었다. 세 평 정도의 방에 나를 포함하여 다섯 사람이 수용되었는데 교수가 둘, 경기고 동기생의 부친도 있었고 학생은 나 혼자였다. 모두 전국학생민족통일연맹이 아니면 민족자주통일중앙협의회(민자통) 등 4·19 이후의 평화통일운동의 연루자였다. 나는 취조를 다섯 번 가량 받았는데 주로 전국학생민족통일연맹 준비위원회를 결성하기까지의 과정에 관한 것이었다.

나는 7월 17일 제헌절 특사로 약 50일 만에 풀려 나왔다. 석방되고 보니 경기고등학교와 서울대 문리대 정치학과의 동기생 다수가 그동안 잡혀가서 고생들을 한 모양이었다.

한편, 나의 종숙 유원식 대령은 5·16 쿠데타의 핵심으로 '국가재건최고회의' 최고위원 겸 재경위원장으로, 서슬이 시퍼런 권력자가 되었다. 그는 그동안 떼지 못해 애쓰던 대령 계급장에서 벗어나 장군이 되어 있었다.

내가 유치장에 갇혀 있는 동안 어머니는 매일 삼선교에 가서 나를 풀어 달라고 청하였다. 어머니는 시사촌은 바빠서 보기가 어려우니까 젊은 종동서를 몹시 볶아쳤다고 한다. 종동서는 종숙이 해방 직후 만주에서 귀국하여 상처를 하고 6·25 당시 국군이 함경북도까지 점령하였을 때 군정의 민사부장을 하면서 함흥에서 만나 재혼한 부인이었고 나의 큰 누나와 동갑이었다.

나는 풀려난 지 며칠 뒤, 마음은 내키지 않았지만 아직 풀려나지 못한 동료들에게 혹시 도움이 될까 싶어서 저녁 시간에 삼선교로 갔다. 종숙부는 대문으로 들어서는 나를 보더니 첫 마디가 "그래 맛이 어떻더냐?"였다. "맛이 씁쓸하더군요."라는 나의 대답에 그는 "씁쓸하다고? 허허허"하고 웃었는데, 그 표정이 마치 "겁없이 설치다가 혼 좀 났지?"라고 말하는 것 같았다.

나는 종숙에게 조사기관으로부터 보고받아보면 알겠지만 아직 구속되어 있는 학생들도 모두 좋은 가정환경에서 성장하여 온건하며 공산주의자들은 아니니 속히 풀어주면 좋겠다고 말했다. 그는 나의 읍소를 듣는지 마는지 아무 말이 없다가 외부로 급히 나가 버렸다.

제헌절 특사로 풀려나지 못한 동료들은 나의 기대와는 달리 계속 구금되어 있다가 혁명재판으로 넘겨져서 징역 5년에서 15년까지의 무거운 형을 선고받았다.

일제 강점기의 형량이 가혹하기로 유명하다지만 우리의 독립운동 지사들에 대한 형량도 이처럼 무겁지는 않았다는 생각마저 들었다. 특히 유근일의 경우에는 나의 기억으로는 서울대 민통연에서 한 일이 별로 없었다. 아니 한 일이 없는 정도가 아니라 일할 틈 자체가 없었다는 것이 정확한 표현일 것이다.

그는 군에서 제대하여 복학하였을 때 후배들이 법대의 윤용남의 사퇴로 마침 공석이던 대의원 총회의 의장을 맡아달라고 요청한 것을 수락한 게 전부였다. 그럼에도 15년 형이라니. 나는 풀려나긴 했으나 친구들은 갇혀 있는데 강의를 들으러 동숭동 캠퍼스를 돌아다닌다는 것이 무슨 죄나 짓는 것처럼 느껴져 동료들에게 미안하고 마음이 불편하였다. 우울하고 잿빛 하늘같은 날의 연속이었다. 나는 그럭저럭 졸업에 필요한 학점은 딸 수 있어서 이듬해 2월에 졸업하고 군에 입대하였다.

5·16 비록, 혁명은 어디로 갔나

그 와중에 두 가지의 의문이 있었다. 하나는 종조부께서 생존해 계셔서 5·16을 보셨다면, 특히 종숙이 쿠데타의 핵심 멤버임을 아신 뒤에 무어라 하셨을까하는 것이었다. 대뜸 "저놈이 또 잘못된 일을 저질렀구나" 하시면서 노발대발했을 것이라는 생각이 들었다. 나의 이러한 생각은 맞았다.

1987년에 발간된 종숙부의 유저(遺著)회고록에 의하면, 종숙은 큰 아들 유능희(나의 재종제)를 종조부에게 보내 군사쿠데타가 있을 것이라고 알려드렸다고 한다. 종조부는 손자가 전하는 얘기를 듣고는 "그건 안 된다. 그것은 결국 군사 독재정권으로 전락하는 것이 고작이다."라고 하면서 반대하셨다는 것이다.

(종숙이 남긴 유저(遺著) 『혁명은 어디로 갔나』)

　종숙이 어떤 생각으로 아버지에게 아들을 보내 쿠데타 얘기를 사전에 하였는지는 모르겠다. 자기를 자식으로 여기지 않는 아버지를 미워해 어떤 때는 내가 들는 데서도 아버지에 대해 욕설을 하던 종숙이었다. 하여튼 종조부가 군사쿠데타를 보지 않고 돌아가신 것은 다행스런 일이라 생각한다.

종조부와 뜻을 같이 했던 독립노농당의 당원 여럿이 5·16 후 혁신계라는 이유로 검거된 바 있다. 종조부의 사상과 성정에 비추어 볼 때 군사정권과 계속 대립할 수밖에 없었을 것이고, 그랬더라면 더욱 힘든 여생을 보내셨을 게 분명했기 때문이다.

또 하나의 의문. 이용희 서울대 정치학과 교수는 한국군은 미군의 통제를 받기 때문에 쿠데타를 할 수 없다고 했는데 어떻게 5·16이 가능했는가 하는 것이었다. 이 의문에 대한 해답은 5·16 후 20여년이 지나서야 얻을 수 있었다. 5·16 당시 기자였던 언론인들에 의하면, 박정희 등이 이끈 5·16 군사쿠데타는 거사 단계는 물론이고, 이들이 서울로 진입한 뒤에도 진압될 수 있었다고 한다.

그럼에도 불구하고 박정희 등에게 치명적일 수 있었던 두 가지 사태가 무난히 지나감으로써 이들은 살아난 것이다. 첫째로, 박정희와 유원식 등은 군사쿠데타를 오래전부터, 예를 들어 4·19 민주혁명 때나 심지어 1951년 부산 정치파동 때에도 모의했었다. 1961년에 들어와서는 정초부터 준비모임을 자주 했다고 하는데 모의란 오래 할수록 기밀을 유지하기가 어려운 법이다.

실제로 4·19 이후 사회적 혼란과 무능한 장면 정권으로 인해 군사쿠데타 설이 심심치 않게 나돌았다. 5·16을 열흘 정도 앞두고 내가 이용희 교수를 찾아가 한국에서 군사쿠데타가 가능한지를 질문한 것도 그 며칠 전 조간신문에 데모 진압을 위해 출동한 군이 정권을 장악하는 가칭 '비둘기작전'에 관한 기사를 읽어서였다.

5·16 쿠데타와 관련된 정보는 여러 통로로 장면 정권에 전달되었다. 그 가운데 가장 결정적이고 구체적인 정보는 당시 국방부 총무과장인 김재규(훗날 박정희에 의해 중앙정보부장에 임명되고 1979년 10월 26일 박정희 대통령을 시해한 장본인)가 현석호 국방장관에게 보고한 내용이다.

박정희는 같은 육사 2기생이고 고향도 같은 김재규

를 믿을 만하다고 생각해서였던지 그를 찾아가 쿠데타 계획을 설명하고 동참할 것을 권유하였다. 김재규는 이것을 현석호 장관에게 즉시 보고했던 것이다. 박정희의 거사 계획에 대하여 사무차관도 알게 되었고, 그는 5·16 열흘 전 정무차관과 장도영 참모총장에게도 이를 얘기하였다.

이처럼 책임 있는 자리의 여러 사람이 알게 되었음에도 불구하고 아무런 조치가 취해지지 않았다. 도대체 믿어지지 않는 일이지만 이것이 장면 정부였다.

미국의 요청, 윤보선이 거부하다

둘째로, 미국은 4·19 후 헌법과 민주적인 절차에 의해 등장한 민주당의 장면 정부를 지지하고 있었다. 박정희 등이 한국군의 일부 병력을 동원하여 서울로 진출한 후 방송국을 점령하고 계엄령을 선포하고 군이 정부를 인수했다고 방송한 다음 날인 5월 17일, 마샬 그린 주한미국대리대사와 매그루더 유엔군사령관은 청와대로 윤보선 대통령 [12] 을 찾아가 쿠데타를 인정하지 말 것을 종용하였다. 불법으로 근무지를 이탈한 이른바 '혁명군'을 힘으로라도 제압하도록 윤 대통령이 이한림 1군사령관에게 지시할 것을 요청했던 것이다.

미국 측은 1군 사령관 휘하의 1개 사단만 동원하여 서울을 포위하고, 필요하진 않지만 미군 1개 기갑대대를 가세시키면 쿠데타에 동원된 병력 약 3,600명과의 엄청난 병력 및 화력의 차이로 인해 쿠데타군은 곧 항

---

12 대한제국 명문가에서 태어난 윤보선은 청년 시절 대한민국 임시의정원에 최연소 의원으로 참여하였고, 영국 유학길에 올라 에든버러 대학교 고고학과를 졸업했다. 국회의장 이승만의 비서관과 서울특별시장, 상공부 장관 등을 거쳐 1960년 8월 13일부터 1962년 3월 24일까지 대한민국 제4대 대통령을 역임했다. 그러나 1961년 5·16 군사정변이 발발하자 대통령 사퇴 성명을 발표했다.

1962년 3월 하야 이후부터는 반독재 야당 지도자로 활동했다. 제5대 대통령 선거와 제6대 대통령 선거에 출마하였으나 낙선했고 한일회담 반대운동, 명동구국선언 등에 참여하였으며, 군사정권 하에서 여러 번 기소와 재판에 회부되었다. 그에 대한 평가로는 반독재 민주화 운동에 기여했다는 평가와 5·16 군사 정변에 협력했다는 평가가 양립한다. 그러나 3공과 유신시절 내내 민권투쟁에 앞장섰고 제3공화국과 제4공화국 시기에 박정희의 정치적 라이벌 이었다.

복하거나 설령 약간 저항하더라도 쿠데타는 쉽게 진압될 것이라고 판단했던 것이다.

그러나 윤보선 대통령은 이들의 요청을 거부하였다. 북한과 대치하고 있는 상태에서 한국군끼리의 유혈사태를 일으키는 일은 피해야 한다고 생각한 것이다.

한편, 미군의 작전 지휘권을 무시한 한국군의 행동을 그냥 두면 나쁜 전례가 되고 미국은 이를 결코 용납할 수 없다는 입장에서, 매그루더 미8군 사령관과 그린 대사의 태도는 매우 완강했고 윤 대통령을 집요하게 설득하려 했던 것 같다.

그러나 윤보선 대통령은 한국군끼리의 싸움으로 심각한 상황이 일어날 수 있다고 우려해 오히려 일선 지휘관들에게 이런 사태가 일어나서는 안 된다는 서한을 보내기까지 했다.

윤 대통령의 노파심과 고집이 쿠데타군에게는 축복이 되고 말았다. 한국에서 군사쿠데타는 불가능하다는 이용희 교수의 빗나간 예측은 한국군에 대한 유엔군 사령관(미8군 사령관)의 통제를 과신한 나머지 여러 통로로 쿠데타 정보가 사전에 전달되었지만 아무런 조치를 하지 않은 제2공화국 정부의 무능함과 무력함, 그리고 윤보선 대통령이라는 변수를 고려하지 못한 결과이다.

사실 이 교수의 예측은 장면 정부의 사전의 진압조치는 고사하고라도 윤 대통령이 매그루더 미8군 사령관의 말만 들었다면 그대로 적중했음직한 것이었다.

윤보선-유원식의 진실 공방

윤보선의 태도와 관련한 또 하나의 논란은 과연 5·16 거사 전에 유원식 대령이 윤 대통령을 찾아가 쿠데타 계획을 알리고 그의 지지를 받아냈느냐는 것이다. 이것이 사실이냐를 둘러싸고 "그렇다"는 유원식과 "아니다"라는 윤보선 간에 한때 진실 공방이 있었지만, 사실 여부는 여전히 밝혀지지 않고 있다.

5·16 후 유원식 국가재건최고회의 최고위원의 부관이었던 이종찬은 유 최고위원의 주장은 과장된 것일 거라고 그 자신의 회고록에서 말하고 있다.

동서양을 막론하고 권력을 에워싸고 어제의 동지가 오늘 적이 된 경우는 무수히 많다. 특히 함께 쟁취한 권력이 크면 클수록 서로 의심하고 견제하고 싸우게 된다. 박정희와 유원식의 관계도 그러하였다.

두 사람은 오랫동안 쿠데타를 모의했을 정도로 가까운 동지였지만 5·16을 성공시키면서 관계에 금이 가기 시작하였다. 유원식은 자신이 주관한 화폐개혁의 실패, 그리고 그 자신은 부인했지만 '4대 의혹사건'에 연루되어 권력의 핵심에서 제거되었다.

5·16 당시 매그루더 사령관은 윤보선 대통령에게 이렇게 말했다고 한다. "만일 이 쿠데타를 지금 용인하면 군부정권은 오래 갈 것이오." 이 말대로 박정희는 이로부터 18년의 장기 독재의 길을 걷는다.

박정희의 공(功)과 과(過)

어느 정권이나 국민들로부터 지지를 받으려면 그 정권이 정당한 과정, 즉 법에 규정된 절차에 따라 수립되어야 한다. 이 과정을 결여한 경우에는 우선 왜 비합법적인 정권의 수립이 불가피했는지의 명분을 제시하여야 한다.

 그 다음에는 여러 가지 가시적인 업적을 쌓아 국민들로부터 지지를 얻으려고 노력해야 한다. 그러나 정권에 대한 저항이 계속될 경우 강압 수단을 동원하기 마련인데 대체로 그 끝은 좋지 않다. 박정희의 18년 집권이 이를 잘 보여준다.

(윤보선, 제4대 대한민국 대통령)

비록 신파와 구파로 분열[13] 한데다 무능하기까지 했으나 민주주의의 절차에 따라 성립한 제2공화국의 민주당 정권은 엄연히 합법적인 정권이었던 만큼, 이 정권을 폭력으로 무너뜨리고 국가권력을 장악한 박정희는 6개 항목의 혁명공약을 내세웠다. 그의 불법적인 행동에 대하여 국민과 미국으로부터 양해와 지지를 얻어내고자 했던 것이다.

"반공을 국시의 제일의로 삼고 지금까지의 형식적이고 구호에만 그친 반공태세를 재정비 강화한다."는 공

---

13 민주당 구파와 신파 : 민주당 구파는 구 한민당 계열이 중심으로 토착 지주 등 유산계급 출신들이 많았다. 신익희, 조병옥, 김도연, 윤보선, 유진산, 김영삼 등이 대표 인물로 꼽힌다. 이들은 일제강점기부터 당대의 정치 엘리트를 자임해온 그룹이었다.

이에 반해 민주당 신파는 구파보다 10살 정도 어린 비주류의 신진 소장 세력으로, 장면을 중심으로 한 평안도·흥사단 계열의 인사들과 1952년 부산정치파동 이후 합류한 자유당 탈당파, 이승만 정권에서 중용된 고급 관료·법조인 등 신흥 테크노크라트들의 연합이었다. 장면, 박순천, 이철승, 정일형, 김영선, 김대중 등이 꼽힌다. 양대 계파는 이승만에 대한 적대감, 의원내각제에 대한 호감, 사유재산과 시장경제 중심의 경제관을 제외하고는 공통점이 많지 않았다. 경력이나 직업, 출신지, 미국과의 친밀감 등에서 두 그룹은 큰 차이가 있었다.

약 제1호는 4·19 이후의 극도에 달한 사회적 혼란에 염증을 느낀 국민들을 의식한 것이었다. 박정희는 해방 후 '여수 순천 반란사건'에의 연루 등으로 불투명한 자신의 과거와 사상에 대해 미국이 가질 의구심을 해소하려는 의도를 보였던 것이다.

공약 제4호는 경제발전으로 쿠데타 정권에 대한 지지를 유도하겠다는 생각을 반영한 것이다.

실제로 박정희는 18년이라는 장기 독재에도 불구하고 이 기간에 오늘날 발전된 대한민국의 경제의 바탕을 마련했다는 점에서 많은 국민들의 인정을 받고 있다.

그런데 한국의 산업화와 경제발전에 기여한 그의 공은 과연 그에 반대하는 세력을 철저히 탄압함으로써 민주화와 정치적 선진화를 크게 저해한 그의 과오를 상쇄하고도 남는다고 할 수 있는가. 그에 대한 엇갈린 평가가 말해 주듯이 이것은 그리 간단한 문제는 아니다.

[참조] 5·16 당시 혁명 공약 전문

친애하는 애국동포 여러분! 은인자중하던 군부는, 드디어 오늘 아침 미명을 기해서 일제히 행동을 개시해, 국가의 행정, 입법, 사법 3권을 완전히 장악하고, 이어서 군사혁명위원회를 조직했습니다.

군부가 궐기한 것은 부패하고 무능한 현 정권과 기성 정치인들에게 이 이상 더 국가와 민족의 운명을 맡겨둘 수 없다고 단정하고, 백척간두에서 방황하는 조국의 위기를 극복하기 위한 것입니다.

군사 혁명 위원회는

첫째, 반공을 국시(國是)의 제일의(第一義)로 삼고, 지금까지 형식적이고 구호에만 그친 반공태세를 재정비 강화할 것입니다.

둘째, 유엔헌장을 준수하고 국제협약을 충실히 이행할 것이며, 미국을 위시한 자유우방과의 유대를 더욱 공고히 할 것입니다.

셋째, 이 나라 사회의 모든 부패와 구악을 일소하고, 퇴폐한 국민도의와 민족정기를 다시 바로잡기 위하여 청신한 기풍을 진작할 것입니다.

넷째, 절망과 기아선상에서 허덕이는 민생고(民生苦)를 시급히 해결하고, 국가 자주경제 재건에 총력을 경주 할 것입니다.

 다섯째, 민족적 숙원인 국토 통일을 위하여, 공산주의와 대결할 수 있는 실력 배양에 전력을 집중할 것입니다.

 여섯째, 이와 같은 우리의 과업이 성취되면, 참신하고도 양심적인 정치인들에게 언제든지 정권을 이양하고 우리들 본연의 임무에 복귀할 준비를 갖추겠습니다.

 애국 동포 여러분, 여러분은 본 군사혁명위원회를 전폭적으로 신뢰하고, 동요 없이 각인의 직장과 생업을 평상과 다름없이 유지하시기 바랍니다.

 우리들의 조국은 이 순간부터 우리들의 희망에 의한 새롭고 힘찬 역사가 창조되어 가고 있습니다. 우리들의 조국은 우리들의 단결과 인내와 용기와 전진을 요구하고 있습니다. 대한민국 만세, 궐기군 만세.

군사혁명위원회 위원장
육군 중장 장도영

chapter 6

'유신체제'와 '유일 영도체계'의 등장

'유신체제'와 '유일 영도체계'의 등장

  한 나라의 국내 정세는 외부 상황에 의해 많은 영향을 받는다. 한반도의 남북 분단은 일본이 제2차 세계대전에서 미국과 소련에 패배했기 때문이다.

  2차 대전 이후 점점 강화된 국제관계의 양극화 과정에서 김일성은 동아시아에서 공산세력의 확장을 원하는 소련의 의도를 이용하여 남한을 공산화하려는 남침을 시작하였다. 한편 공산세력의 확장을 억제하려던 미국은 유엔을 동원하여 남한을 지원으로써 남북한 간의 전쟁은 소련과 미국의 대리전 양상을 띠었던 것이다.

  미국과 소련은 제2차 세계대전 이후 각각 자유진영과 공산진영의 수장으로서 자기 진영의 동맹국들을 위해 많은 지원을 하였다. 여러 분야의 지원 중에서 특히 경제원조, 군사적 지원에 많은 비용이 들었다.

이러한 경제, 군사 지원이 20년 가까이 지속되다보니(소련도 그런 사정이었다) 미국은 과연 동맹국들과의 결속을 위해 언제까지 부담을 지속해야 하는가에 회의를 갖기 시작하였다.

1969년에 있었던 닉슨 미국 대통령의 '괌 선언(the Guam Doctrine)' [14] 은 바로 이러한 문제의식과 배경에서 나온 것이다. 미국의 동맹국들은 자신의 안보문제를 미국에만 의지하려고 하지 말고 안보의 일차적인

---

14 닉슨 독트린(Nixon Doctrine) 또는 괌 독트린(Guam Doctrine)은 미국의 대통령 리처드 닉슨이 1969년 7월 25일 괌에서 발표한 외교정책이다. 닉슨은 1970년 2월 국회에 보낸 외교교서를 통하여 닉슨 독트린을 세계에 선포하였다. 적대국의 위협에 대해 아시아 여러 나라들이 당사자인 자신이 직접 저항해야 된다는 입장을 선언한 이 원칙은 미국의 기존 아시아 방위 개념을 전폭 수정한 것이었다. 구체적인 내용은 (1)미국은 앞으로 베트남 전쟁과 같은 군사적 개입을 피한다. (2)핵무기에 의한 위협의 경우를 제외하고는 침략에 대하여 아시아 각국이 스스로 대처해야 한다. (3)미국은 직접적이고, 군사적인 과잉개입은 하지 않으며 스스로의 의사를 가진 아시아 각국의 자주적 행동을 측면 지원한다. (4)아시아 각국에 대한 원조는 경제중심으로 전환하고 미국의 과중한 부담을 방지한다. (5)아시아의 각국이 5~10년 안에 상호안전보장을 위한 군사기구를 만들기를 기대한다는 등 이었다.

책임은 자신이 부담해야 한다는 내용이었다.

  이와 관련하여 자유진영의 동맹국들이 그동안 금지된 공산진영 국가들과 접촉하거나 교류하는 것에 대해 미국은 앞으로 반대하지 않겠다는 것이었다.

  미국은 먼저 그동안 적대시하던 중국과의 관계개선을 추진하고 나섰다. 미국은 중국과의 화해라는 정책변화가 단순한 제스처가 아님을 보여주기 위해 1969년 11월 오키나와 미군 기지를 일본에 반환하기로 결정했다. 뿐만 아니라 미국은 중국의 신경을 많이 자극했던 인접지역인 월남과의 전쟁을 조속히 종결하기 위해 동아시아에서 미군을 철수하기 시작했다.

  1970년 6월. 미국은 그동안 자신의 요청으로 수만 명의 군인을 월남에 파병 중이던 한국으로부터 미군 2만 명을 철수시켰다. 이는 미국이 더 이상 아시아에서 중국을 위협하는 세력이 아니라는 것을 보여주기 위한 조치였다.

  키신저 국무장관의 중국 방문에 이은 닉슨 대통령의 베이징 방문으로 미국과 중국의 화해는 급물살을 타기 시작했다. 미·중 두 나라 관계의 극적인 변화는 그 당시 중국과 국경에서 무력충돌마저 불사하던 소련은 물론이고 미국과 소련의 동맹국들에게 큰 충격을 주었다.

그 중에서도 가장 큰 충격을 받은 나라는 아마도 양극 체제에 누구보다도 예민하게 길들여진 남한과 북한이었을 것이다. 남한과 북한은 이 같은 상황 변화에 즉각 대응해야 하는 긴박성을 느끼게 된다.

(1971년 7월 극비리에 중국을 방문한 헨리 키신저 백악관 국가안보좌관이 베이징에서 저우언라이 총리와 만나는 장면)

1971년 8월 12일 최두선 대한적십자사 총재는 남북한에 흩어진 1천만 이산가족들의 재회를 위한 남북적십자회담을 제의하였다. 북한 적십자사측이 이에 호응함으로써 남북한 간에도 화해의 물꼬가 트이는 것 같았다.

1972년 5월 이후락 남한 중앙정보부장과 박성철 북한 제2부수상이 비밀리에 평양과 서울을 방문한 것을 시작으로 긴장완화와 상호교류와 협력을 위한 접촉이 이루어졌다. 그 결실이 7월 4일 서울과 평양에서 동시에 발표된 "남북공동성명"이었다.

이에 따라 남북조절위원회가 구성되자 우리 국민들은 머지않아서 통일은 아니더라도 남북 간의 내왕은 가능할 것으로 기대하며 기쁨과 흥분에 가득 차 있었다.

그러나 희망찬 기대도 잠시, 곧 남북 사이의 모든 회담이 중단되면서 남북한의 화해를 가로막는 장벽이 너무나 크다는 걸 다시금 느끼게 된다.

남한의 박정희와 북한의 김일성으로서는 미국과 중

국 간의 관계개선이 자신에게 미칠 영향을 우선적으로 고려했을 것이다. 그들로서는 미·중간의 화해 분위기가 달갑지만은 않은 것이었다.

10월 유신

박정희의 대응은 이른바 '10월 유신'로 나타났다. 그는 5·16 이후 시장경제의 바탕에 권위주의체제의 신속한 의사결정과 추진력을 혼합하여, 재벌과의 정경유착과 같은 부작용은 있을지라도 산업화와 경제발전을 이루어 국민들로부터의 지지를 얻고자 노력하였다.

산업화는 경제성장을 촉진하는 한편 조직화된 노동운동도 추동하여 반독재 민주화운동 역시 강화하는 측면이 있었다. 산업화는 또한 도시화를 촉진하기 마련인데 '여촌야도(與村野都)'라는 말에서 알 수 있듯이 선거에서 박정희 대통령에 반대하는 표는 도시에서 많이 나왔으며, 이 또한 산업화로 박정희가 감수해야 할 부산물이었던 것이다.

닉슨 독트린과 주한미군 감축의 충격, 남북대화라는

극적인 정치 분위기 속에서 70년대를 맞으며 급속히 확장하던 국내 민주화운동 세력은 박정희 대통령에게 심각한 위협이었다.

이들을 억눌러 자신의 권력기반을 안정화시키고 북한과의 대화와 미군철수에 대비하려면 무엇보다도 매우 강력한 권력을 만들어내는 특단의 조치가 필요하다고 박정희는 생각하였다. 그리하여 고안해낸 것이 유신체제였다.

"급변하는 국제정세에 효율적으로 대처하기 위해서"라는 명분 아래 1972년 가을에 유신헌법이 발표되었고 1974년 1월 8일 긴급조치 1호가 공포되었다. 유신정부에 대한 반대집회를 하면 최고 사형에까지 처할 수 있었다.

북한의 억지

한편, 북한의 김일성은 자국에 대한 중국의 내정 간섭을 항상 경계해오고 있었지만 6·25 전쟁에서 겪었듯이 그래도 가장 든든한 우방은 중국일 수밖에 없었다.

그럼에도 중·미간의 관계개선이 미국의 대북한 태도를 완화시키지 않는 한, 중국이 미국과 좋은 관계를 맺으려고 노력하는 것은 북한으로서 결코 바람직한 일은 못 된다고 김일성은 판단하고 있었다.

김일성으로서는 상황이 어떻든 남한이 북한에 대해 화해의 몸짓을 하면 이를 받아들여야 하는 문제가 있었다. 6·25 전쟁 이후 남한 정권은 북한에 대하여 항상 강경한 자세와 일관된 경계의 태도를 보여 온 반면, 북한은 늘 '민족'을 내세우며 평화 공세로 남한을 수세로 몰았기 때문이다. 더욱이 북한의 평화 공세 앞에 남한의 일부 세력이 흔들리는 듯한 태도마저 보였다.

그런데, 1973년 6월 23일 박정희 정권이 발표한 '6.23 선언'[15]은 어떤 면에서 유신체제라는 조치에 버금갈 정도로 파격적이었다. 박정희는 "평화통일외교정책에 관한 특별선언"이라는 부제를 가진 이 선언에서 남북한 상호 불가침과 상호 내정 불간섭, 남북한 유엔

---

15 1973년 6월 23일 조국의 평화통일 및 개방선린외교를 표방한 박정희 대통령의 특별성명. 남북 교차승인과 유엔 동시가입을 골자로 한다.

동시가입과 북한의 국제기구참여 불(不)반대, 한국의 모든 국가에 대한 문호 개방 등을 천명했던 것이다.

6.23 선언으로 북한의 평화공세와 남한의 수세 양상이 완전히 뒤집혔다고 해도 과언이 아니었다. '6·23 선언'은 당시 큰 흐름을 형성하던 국제적 화해조류에 발맞춰 폐쇄적인 외교노선에서 탈피하려는 획기적 의미를 지녔다. 바로 이 지점에서 6.23 선언은 역설적으로 북한에 충격을 안겼다.

6.23 선언이 북한에 얼마나 충격적이었는가는 이 선언이 "분단을 고착화하는 행위"라는 이유를 들어 즉각 북한이 반대한 사실에서도 알 수 있다. 북한은 6.23 선언이 한반도에 2개의 국가를 인정함으로써 분단을 영구화하려는 조치라며 남북대화의 중단을 선언했다.

그러나 6.23 선언이 남북한의 유엔 동시가입을 반대하지 않기 때문에 분단을 고착화하려는 것이라는 북한의 주장은 비논리적이고 그저 '반대를 위한 억지'일 뿐이어서 설득력이 없었다.

사실 6.23 선언은 북한과의 관계개선과 상관없이 북

한의 후견국인 중국과 소련과도 관계를 개선하겠다는 것이었는데 북한이 이를 받아들이기가 쉽지 않았을 것이다.

[참조] 6·23선언의 내용

① 조국의 평화통일을 성취하기 위해 모든 노력을 계속 경주한다.
② 남북한은 서로 내정에 간섭하지 않는다.
③ 남북대화의 구체적 성과를 위해 성실과 인내로 모든 노력을 기울인다.
④ 긴장완화를 위해서는 북한의 국제기구 참여를 반대하지 않는다.
⑤ 통일에 방해가 되지 않으면 남북한 유엔 동시 가입을 반대하지 않는다.
⑥ 호혜평등의 원칙 아래 모든 국가와 서로 문호를 개방한다.
⑦ 평화선린을 기본으로 한 대외정책으로 우방국들과의 기존 유대를 공고히 한다.

6.23 선언을 계기로 모든 공산국가와 관계를 개선하려는 한국의 노력은 정부뿐 아니라 학계와 기업을 포함한 전 국민의 차원에서 시작되었다. 남한은 1990년대에 들어 북한을 제외한 여러 공산국가들과 수교를 맺었고 마침내 북한의 동맹국인 소련, 중국과의 수교를 이루게 된다.

남한이 6.23 선언과 같은 '유연한 공세'로 전환할 수 있었던 데에는 5·16 이후 남한의 경제가 빠르게 발전했던 사정이 작용했다고 해도 과언이 아니다.

군사정권 초기만 해도 북한에 비해 많이 뒤졌던 남한의 경제는 1970년대에 들어설 무렵에는 거의 북한과 비슷한 수준으로 접근하더니 1974년에 '대등점'을 이루고 그 이후 남한이 앞서기 시작하였다.

그리고 그 격차는 시간이 갈수록 커졌다. 남한 경제가 이처럼 빠르게 성장한 데에는 여러 가지 요인이 있었겠지만 박정희가 시장경제를 경제체제의 근간으로 꾸준히 유지한 데 있다고 나는 생각한다.

북한이 따라올 수 없는 한국경제의 힘

5·16 직후 군사정권이 5개년 경제계획을 발표하고 이어서 화폐개혁을 할 때 일각에서 사회주의 경제를 하려고 한다는 말이 돌았다. 게다가 구권 일부만 신권으로 교환해주고 나머지는 국가공채로 주어 정부가 의도하는 곳에 투자하려고 한다는 말까지 있어 사회주의 경제의 채택은 상당히 신빙성이 있어 보였다.

그러나 화폐개혁에서 화폐의 액면을 10분의 1로 축소하고 화폐의 명칭을 '환'에서 '원'으로 바꾸고, 구 화폐를 모두 교환해주는 것으로 끝났다.

미국의 압력으로 계획한 대로 추진하지 못하고 끝났다는 설이 있기는 하지만 여하튼 그 이후 박정희 정권에서 다시는 화폐개혁의 시도가 없었다.

북한에 비해 남한경제가 갖는 강점은 시장경제의 개방성과 경제를 기본적으로 민간에게 맡기는 자율성에서 오는 것이다.

이러한 경제적 측면은 김일성으로서는 도저히 흉내 낼 수도 없지만 흉내 내서도 안 되는 것이다. 흉내를 냈다간 그의 독재체제가 무너지기 때문이다. 하지만 국제환경의 변화와 이에 따라가는 남한으로부터의 새로운 공세는 북한으로 하여금 개방적인 자세를 취하도록 요구하고 있었고 그 압력은 앞으로 더욱 커지려는 추세였다.

이 상황에서 박정희가 "급변하는 국제정세에 효율적으로 대처하고 통일을 앞당기기 위하여"라는 구실을 내걸고 자신의 권력 강화의 특단의 조치로 '유신체제'를 고안한 것처럼 김일성도 자신의 권력뿐 아니라 권위를 더 한층 강화하기 위하여 '유일지도체계'를 만들어 내었다.

이를 위한 첫 조치로 북한은 남한에서 유신헌법이 제정된 1972년에 헌법을 수정하였다. '수령'이 국가원수인 주석 직을 맡고 주석이 당의 총비서를 겸하는 구조여서 당과 국가 조직이 수령의 '유일적 영도' 밑에 들어가게 되었다. 이로써 김일성의 권한은 법적으로나 실질적으로 더욱 강화되었다.

1972년 이전의 헌법, 즉 1948년 헌법 체계에서는 실제가 어떻든 간에 내각의 수위(首位)는 수상이고, 최고인민회의 의장이 공식적인 국가원수였다. 국가기관은 당의 통제를 받도록 되어 있었다. 이전에는 조직이나 기관들의 독립성이 어느 정도 인정되어 상호간의 견제와 권력의 균형 같은 것이 형식적이나마 있었으나 새로운 사회주의헌법에서는 모든 권력이 수령이자 주석인 김일성에게 집중되었다.

그에 그치지 않았다. 이 같은 법적 조치 외에 북한 사회를 하나의 대가족에 비유하여 김일성의 위치를 사회주의대가정의 '어버이'라는 가족주의적인 개념을 도입하였다. 이에 그의 사상과 지위는 그의 특별한 혈통에 의해 계승되어야 한다는 전근대적인 귀속주의적인 가치관과 윤리관을 보탬으로써 그 권위를 한층 더 강화하고자 하였다.

이는 곧 김일성이 가지고 있는 지위와 권력은 그의 아들인 김정일에게 계승되고 김정일의 지위와 권력은 다시 김정일의 아들인 김정은에게 승계되는, 일종의 변형된 왕조적 체제와 이를 위한 '백두혈통'의 등장을 예고하는 조치였다.

이상에서 보았듯이 1970년을 전후해서 미국과 중국이 양국관계를 대립에서 화해로 가는 움직임을 보이면서 제2차 세계대전 이후 국제관계를 이끌어 온 양극체제는 존속하기 어려워졌다.

이러한 국제환경의 변화에 조응하여 남한과 북한도 처음에는 서로간의 대립을 완화해 가려는 듯한 모습을 보였지만 곧 남한은 유신체제로, 북한은 유일영도체계로 내달림으로써 박정희와 김일성의 권력만 강화하게 된 것이다. 이들은 국제환경의 변화를 오히려 자신의 독재체제를 강화하는 계기로 삼았던 것이다. 그러나 박정희와 김일성의 대내적 권력 안정화의 목표에서 볼 때 '유신체제'와 '유일영도체계'는 현격한 차이를 나타내었다.

조용히 사라진 한국적 민주주의

박정희는 유신체제를 시행하는 과정에서 긴급조치라는 수단을 이용해 그에 반대하는 언론과 시위를 철저히 탄압하였다. 이 정책은 많은 한계를 가질 수밖에 없었다.

무엇보다도 13개월도 안 되는 짧은 기간이었지만 4·19 이후 제2공화국 정부에서 거의 무질서에 가까울 정도의 자유를 누려본 국민들을 강압적인 방법으로 통제한다는 것은 무리였다. "급변하는 국제정세에 효율적으로 대처하고 통일을 앞당기기 위해서"라는 명분은 처음에 약간 그럴 듯해 보였으나 시간이 갈수록 효과가 급격히 감소했다.

유신체제 하에서도 헌법 전문에서 4·19 민주혁명의 정신을 3.1운동의 정신과 함께 상해임시정부의 법통을 계승하는 대한민국을 떠받드는 두 개의 정신적인 기둥으로 서술하던 것을 다른 것으로 바꿀 수는 없었다.

제2차 세계대전 이후 후진국에서 나타난 권위주의 체제들이 '자기네 식으로' 민주주의를 하겠다고 하여 여러 종류의 수식어를 붙인 민주주의를 표방한 바 있다. 즉 '교도 민주주의(Guided Democracy, 인도네시아)', '기본적 민주주의(Basic Democracy, 파키스탄)', '회교적 민주주의(Islamic Democracy, 이집트)' 등이 그 예에 속한다. 박정희 정권도 '한국에 적합한 한국적인 민주주의'로서의 '한국적 민주주의'라는 용어를 잠깐 사용한 바 있다.

그러나 당시 김종필 중앙정보부장과 함께 이 용어의 창안에 관여한 것으로 알려진 권모 교수가 수업시간에 학생들의 질문으로 곤욕을 치룬 지 얼마 되지 않아 '한국적 민주주의' 논의는 슬며시 사라졌다. 이는 그 어떤 용어도 남한의 정치이념인 '자유민주주의'를 대체하기는 어렵다는 것을 보여준다.

유신체제의 한계

국내에서의 끊임없는 저항과 아울러 박정희 대통령을 곤경에 빠트린 것은 미국과의 갈등이었다. 미국의 대외정책에 있어서 인권과 윤리성을 강조해온 민주당의 지미 카터(James Earl Carter Jr.)가 1977년에 제39대 대통령에 당선된 것은 박정희로서는 악재 중의 악재였다. 사실 박정희에 대한 미국의 시각은 카터 대통령의 취임 이전에 이미 매우 나빠져 있었다.

여기에 두 사건이 결정적으로 작용하였다. 하나는 1973년의 '김대중 납치사건'[16]이었고 다른 하나는

---

16 원래 신병 치료차 일본으로 건너갔던 김대중은 유신체

1976년 10월 워싱턴포스트지(紙)가 폭로하여 워싱턴의 정가를 떠들썩하게 만든 '코리아게이트'였다.

전자는, 한국 중앙정보부 요원들이 밝은 대낮에 일본 도쿄의 호텔에서 박정희의 정치적 경쟁자인 김대중을 납치하여 공해상에서 살해하려다가 미국 중앙정보국(CIA)의 개입으로 미수에 그친 사건이었다. 비록 중단되기는 했지만, 마피아 같은 안하무인의 범죄조직이나 할 만한 행동을 우방국인 한국 정부가 자행했다는 점에서 미국은 크게 격앙하지 않을 수 없었다.

'박동선 사건'[17] 으로도 불리는 후자의 경우는 한국정

제가 선포되자 입국을 포기하고 해외에서 반(反)유신 활동을 전개하였다. 1973년 8월 8일, 도쿄 그랜드팔레스 호텔에서 괴한들에 의해 납치된 김대중은 선박에 감금된 채 동해로 강제 압송되었다가 129시간 만에 서울의 자택 부근에서 풀려났다. 당시 사건을 조사한 일본 경찰은 현장에서 중앙정보부 요원의 지문 등을 확보했으나 한국 정부는 관련 사실을 완강히 부인했다.

17 박동선은 1976년 박정희 정권 당시 중앙정보부에서 미국 정치인들에게 뇌물을 제공한 '코리아게이트' 사건의 핵심 인물이다. 1976년 10월 워싱턴포스트는 "박동선이 한국 정부 지시에 따라 연간 50만 달러에서 100만 달러 상당의 현

부가 지원한 돈으로 워싱턴 거주 한인 로비스트 박동선이 8년에 걸쳐 90여 명의 미국 의회의 의원과 공직자들을 매수함으로써 미국의 자존심을 심하게 손상시킨 사건이었다.

미국에서는 이처럼 부도덕한 한국을 지키기 위해 과연 막대한 비용을 감수하면서 미군을 한국에 계속 주둔시킬 필요가 있느냐는 '주한미군 철수' 설이 다시 머리를 들었다. 카터 자신은 선거공약의 하나로 주한미군의 감축을 거론하였다.

김대중 납치사건과 박동선 사건에 이어 '김형욱 실종사건'이 발생하여 워싱턴에서 한국의 이미지는 더욱 추락하였다. 김대중의 납치를 지휘한 장본인이었던 김형욱 전 중앙정보부장은 박정희와 사이가 나빠지자 미국으로 망명했고, 의회 증언에서 '납치는 박정희의 지

금으로 수십 명의 정치인을 매수하려 했다"고 보도했다. 당시 미 정가에서 박정희 정권의 인권탄압을 문제 삼고 주한미군을 철수하려는 움직임을 보이자 이를 회유·매수하려던 시도였다는 것이다. 미국 언론은 이 사건을 '코리아게이트'로 부르며 대서특필했다. 이로 인해 1970년대 후반 한·미 관계는 최악으로 치닫는다.

시에 의한 것'이라고 폭로했다. 그러던 그가 갑자기 실종되자 미국 정가의 일각에서는 배후에 박정희가 있을 것으로 의심하는 분위기였다.

(박동선 사건의 주인공 박동선씨)

1979년 6월 30일 한국에 온 카터 미 대통령은 박정희 대통령과 정상회담을 갖고 주한미군 철수문제와 한국의 인권문제를 논의하였으나 뚜렷한 합의 도출에는 실패했다. 떠도는 얘기로는 주로 박대통령이 말을 하고 카터는 대체로 듣기만 했다고 한다. 주한미군 철수 반대가 박정희의 주요 주장이었다는 것이다.

회담을 마치고 나오면서 카터는 매우 기분이 상했던지 수행원에게 "그를 없애야겠어! (We have to get rid of him)"라고 했다는데 사실 여부가 확인된 것은 아니다.

카터가 박정희 제거의 필요성을 언급했다면 그것은 '만일 미국이 일방적으로 주한미군 철수를 감행한다면, 한국은 독자적으로 핵무장을 할 수밖에 없다'고 했던 박 대통령의 말 때문이었다고 한다. 이 역시 아직까지 확실한 증거가 나타나지 않아서 추측에 불과할 수 있다.

한 가지 확실한 것은 카터의 방한은 역대 미국 대통령의 방한과는 달리 냉랭한 분위기였음을 국민들이 느낄 정도였기에 박정희의 입지에 전혀 도움이 되지 않았다는 사실이다.

국민들의 유신체제 반대운동은 계속되었으며 노동운동이 새로운 국면에 접어들게 되었다. 박정희의 독재정치로 이룩한 '한강의 기적'을 위해 희생을 도맡았던 소외된 노동계층의 불만이 1970년의 '전태일의 분신자살'을 시발점으로 하여 정부의 강력한 탄압에도 불구하고 노조 중심의 완강한 저항운동으로 전환되기에 이르렀다.

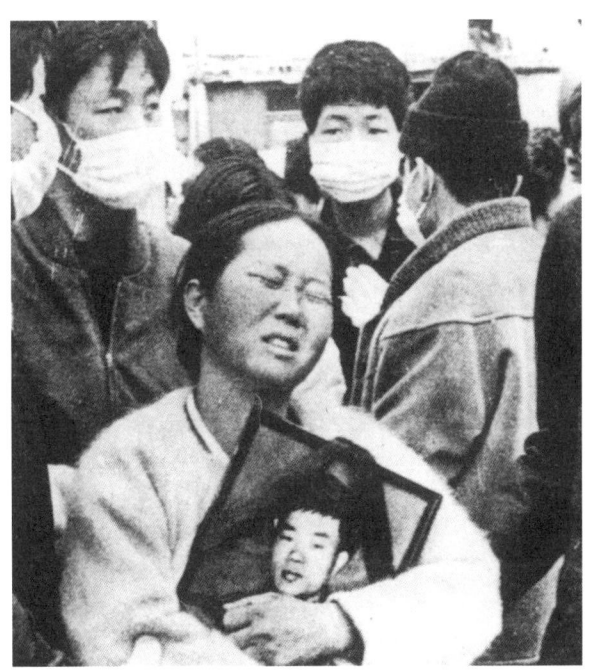

(아들, 전태일의 영정을 안고 슬퍼하는 이소선 여사)

1979년 8월 가발수출업체인 "YH무역"의 여성근로자들이 열악한 노동환경의 개선과 체불임금의 지불을 요구하며 신민당 당사에서 농성하자 경찰이 강제로 이를 해산시켰다. 이 과정에서 피신하던 한 여공이 건물에서 떨어져서 사망하고 다수의 근로자, 신민당원과 취재기자들이 부상당하였다.

당시 농성의 배후 조종자로 노조 간부들과 '도시산업선교단' 목사 등 70명이 구속되었다. 'YH사건'은 연약한 여성근로자들이 피해자여서 국내외의 주목을 더 끌었다.

김영삼 제명과 박정희의 피살

이 같은 상황에서 김영삼 신민당 총재는 미국 뉴욕타임스 기자와의 인터뷰에서 박정희의 독재를 견제하고 한국에서 꺼져가는 민주주의를 다시 살리기 위해서는 미국의 압력이 필요하다고 언급하였다.

이 발언 때문에 김영삼은 미국에 내정간섭을 요청한 '반민족적 사대주의자'로서 한국인의 품위와 명예를

훼손시키고 국론을 분열시켰다는 이유로 10월 4일 국회에서 제명된다.[18]

김영삼의 국회의원직 박탈은 곧 김영삼과 뜻을 같이하는 야당 의원들의 집단적인 의원직 사퇴로 이어지면서 국민들을 더욱 자극하였고, 특히 김영삼의 영향력이 큰 부산과 마산에서 학생들과 시민들의 대규모 반(反)유신 집회와 데모를 촉발하게 되었다.

박정희는 10월 18일 부산지역에 비상계엄령을, 이틀 뒤 마산과 창원에 위수령을 선포하지만 도리어 반(反)박정희 시위는 전국으로 확산되기에 이른다.

---

18 김영삼 국회의원직 제명 파동: 1979년 10월. 김영삼 신민당 총재가 〈뉴욕타임스〉와의 기자회견에서 미국이 "공개적이고 직접적인 압력을 통해 박대통령을 제어해줄 것"을 요구하자 공화당은 김영삼이 반민족적 사대망동을 했다는 이유로 그를 국회에서 제명하기로 결의했다. 이에 맞선 신민당 의원들이 국회 본회의장을 점거하자 공화당은 경호권을 발동한 상태로 김영삼 제명안을 10여 분 만에 날치기 통과시켰다. 이 사태는 신민당 의원 66명 전원의 의원직 사퇴를 촉발하고, 부마 민중항쟁의 직접적인 도화선이 되었다.

(YH사건 당시 경찰에 의해 끌려가는 김영삼)

이렇듯 긴박한 정세 속에서 박정희는 10월 26일 김재규 중앙정보부장에 의해 살해된다. 박정희에 의한 18년간의 권위주의체제는 이렇게 막을 내렸다.

박정희 대통령이 피살되자 최규하 국무총리가 대통령의 권한을 대행하게 되었다. 그는 제주도를 제외한 전국에 비상계엄을 선포하고 정승화 육군참모총장을 계엄사령관에 임명하였으며, 계엄사령부 합동수사본부장에 전두환 보안사령관을 임명하여 박 대통령의 시해사건을 조사하도록 하였다.

최규하 대통령 권한대행은 12월 6일 긴급히 소집된 통일주체국민회의에서 제10대 대통령에 당선되었다. 그는 박정희가 설치한 긴급조치 9호를 해제하고, 구속 중인 60여 명의 민주화 운동가들을 석방하고 김대중의 가택연금도 해제하는 조치를 취한다.

전두환의 등장

한편 군 내부의 사정을 어느 정도 아는 사람들은 합동수사본부장이 된 전두환 보안사령관의 행보에 관심을 갖지 않을 수 없었다. 전두환은 박정희의 양아들이나 다름없다는 말이 돌 정도로 박 대통령이 권력 유지를 위하여 특별히 키웠던 존재라고 볼 수 있었다. 그는 냉혹한 박정희의 권력게임에 숙달된 정치군인이라 과

측을 낳았다.

 더욱이 그는 지휘관의 명령을 따르는, 일사불란한 통일된 행동을 필요로 하는 군의 특성상 내부 파벌이나 사조직을 금하는 불문율을 깨고, 박정희의 비호 아래 4년제 육사의 첫 기수인 11기생을 중심으로 '하나회'라는 사조직을 만들어 영향력을 키워 온 상태였다.

 전두환이 중앙정보부, 검찰, 경찰 등 대한민국의 모든 정보와 수사기관들의 업무를 조정하고 지휘하는 계엄사 합동수사본부장이라는 막강한 권한을 갖게 되었다는 것은 마음먹기에 따라 무슨 일이라도 할 수 있는 날개를 달았다는 의미이기도 했다. 우려 반, 불길한 예감 반은 곧 현실로 나타났다. 신군부의 12·12. 반란이 그것이다.

12·12. 신군부의 반란

 계엄사 합동수사본부장이 된 전두환은 자신의 심복들인 허화평, 허삼수, 이학봉 등 보안사령부 처장들을 합수부로 데려다 놓고 박 대통령의 시해사건을 조사하는 과정에서 짧은 시간에 정치화되었을 것이다. 이를테면 박정희 대통령이 처한 국내외 정치적 환경을 위시하여 여러 조직들과 인사들 간의 정치적 역학관계를 숙지하게 되었을 것이다.

특히 박정희는 오로지 자신의 독재만을 생각하고 후계자 작업을 전혀 하지 않은 상태에서 살해당하였기 때문에 이들의 눈에 서울의 정치판도는 임자 없는 '무주공산(無主空山)'으로 보였을 것이다. 전두환은 이 기회를 이용해 국가 권력을 찬탈하려는 욕심을 품게 된 것으로 보인다.

게다가 매사를 꼼꼼하게 따지는 박정희와는 달리 최규하 대통령은 자신들의 의도대로 조종하기 훨씬 쉬울 것으로 판단했을 것 같고, 이것도 이들이 엉뚱한 일을 저지르게 한 또 하나의 변수였을 것이다.

그들이 가장 먼저 착수한 일은 군대의 장악이었다. 이를 위해서는 정승화 육군참모총장을 비롯하여 하나회를 못마땅하게 생각해온 선배 장성들을 무력화시키는 하극상이 선행되어야 했을 것이다. 전두환은 10월 26일 박 대통령의 피살 시 정승화 육군참모총장이 시해장소 가까이에 있었고 김재규를 체포함에 있어서도 다소 망설이는 태도를 보였다면서 김재규를 방조한 혐의가 있다는 구실로, 최규하 대통령의 재가도 없이 정 총장을 체포했다.

계엄사령관의 체포는 12월 12일 저녁에 전격적으로 이루어졌다. 보안사 수사관들은 수도경비사단의 33헌병대 병력 65명을 이끌고 한남동의 육군참모총장 공관에 난입하여 경비병들을 제압하고 정 총장을 전격적으로 보안사로 강제 연행하였다.

동시에 육군본부와 국방부, 중앙청 등 국가의 주요 기관들과 정병주 사령관의 공수특전단처럼 군사반란에 동조하지 않을 부대는 하나회 회원들이 이끄는 병력이 장악함으로써 신군부의 군사반란을 진압할 진압군이 출현할 여지를 없앴다.

신군부의 12·12 반란사건은 워낙 전격적이어서 한남동에 거주하는 시민들조차 정승화 총장이 강제로 연행되어 갈 때, 합수부의 병력과 총장 공관의 경비병 사이에 총격전이 있었는데도 며칠이 지나도록 사건의 발생을 모르고 있을 정도였다.

신군부의 군사반란의 의도를 어느 정도 인지한 사람들조차도 대부분 5·16. 군사쿠데타로 18년 동안 철권을 휘둘렸던 박정희도 결국에는 불명예스러운 종말을 고했다는 점에 주목하고, 이 사건을 조사 중인 전두환이 박정희의 전철을 밟는 군사반란과 국가권력의 찬탈에 나서지는 못할 것이라는 안일한 생각을 하고 있었다.

80년 서울의 봄은 결국 오지 않았다

해가 바뀌어 1980년이 되어도 김영삼, 김대중, 김종필 이른바 3김은 선거로 대통령이 되기 위해 대선에만 관심을 집중하고 있었다. 12·12.사태는 박 대통령의 시해를 규명하는 조사의 일환으로 생긴 일이고, 있을 수 있는 해프닝이라며 큰 의미를 두지 않았던 것 같다.

그러나 12·12.사태 이후 시간이 흐를수록 학생들을 비롯한 시민들의 조속한 민주화 추진에의 요구와 이에 부응하지 않는 신군부의 태도로 인하여 양 진영 간에 갈등과 긴장이 쌓이기 시작했다.

특히 전두환 합동수사본부장의 중장 진급과 아울러 4월에는 중앙정보부장서리가 되어 중앙정보부까지 장악하게 되자 국민들 사이에 불투명한 정국의 향배에 관한 우려의 소리가 더욱 높아지기 시작하였다.

그리하여 12·12 사태에서 해를 넘겨 1980년 5월에 이르기까지 하루라도 빨리 '민주화의 봄'을 맞이하기를 원하는 학생·시민세력과 12·12. 반란을 박정희 유신독재의 연장의 기회로 삼고자 하는 전두환 신군부 세력 사이의 갈등과 기 싸움이 폭발 일보 직전이었다. 마침내 1980년 5월 2일 1만여 명이 참여한 서울대학교 학생들의 '민주화 대총회'를 시작으로 5월 15일 서울역 광장에서의 10만 명의 학생과 시민이 참가한 대규모 시위에 이어 10여 일간 부산, 대구, 광주 등 전국 37개 대학에서 '계엄 철폐'를 주장하는 '민주화 대행진'이 이어졌다.

신군부는 5월 17일 24시를 기해 10·26 사태로 제주도를 제외하고 발령되었던 비상계엄을 전국으로 확대한다고 발표했다. 아울러 계엄 포고령의 발령으로 국회 해산, 정치활동 금지, 전국 대학교 휴교, 언론보도 사전검열, 김대중, 김종필 등 주요 정치인 26명의 합수부로의 연행, 학생, 정치인, 재야인사 등 2700명 체포, 김영삼 신민당 총재의 가택연금 등을 자행하였고, 개헌을 비롯해 일체의 '민주화의 봄'에 관한 논의를 금지하였다.

5월 17일의 신군부의 조치는 그 내용과 강압성의 정도, 파급 범위의 심각성 등으로 보아 국가에 대한 쿠데타나 다를 것이 없다고 하여 '5.17. 쿠데타'로 불리기도 한다. 무어라고 부르든 간에 중요한 사실은 신군부가 비상계엄령을 해제할 의사가 없음은 물론 국민이 대통령을 직접 뽑는 '민주화의 봄'을 추진할 의사가 없음을 분명히 했다는 점이다. 계엄사령부는 김대중을 비롯한 재야 정치인과 민주인사, 종교계, 노동계 사람들을 사회불안 조성을 이유로 구금함으로써 이에 완강히 저항하는 5·18 광주 민주항쟁의 도화선에 불을 붙이게 된다.

끝내 아무도 상상하지 못했던 처참한 비극이 대한민국에서 터져 나오고 말았다. 5·18 광주의 참극이 앞으로 한국에 가져올 사태의 심각성을 그 누구도 인식하지 못했다고 해도 과언이 아니다.

(80년 서울의 봄 당시 서울역 앞에 운집한 시민들)

12·12 신군부의 반란에서 이어진 5·18 광주민주항쟁은 '광주의 학살사건'으로 불릴 만큼, 현실은 어찌 되었건 헌법상 자유민주주의국가에서 일어날 수 없는, 너무도 상상을 초월하는 처참한 일이었다.

도대체 얼마나 가혹하게 시위를 진압하였기에 시민들의 저항도 완강하여 국민들끼리 '진압군'과 '시민군'으로 나뉘어 서로 총질하여 다수의 희생자를 발생하지 않으면 안 되었던가.

5·18 광주민주항쟁

5월 들어 서울에서는 서울대생들을 중심으로 계엄령 해제와 민주화 일정의 구체화를 요구하는 시위가 연일 이어졌다. 지방의 대학들도 이에 호응하는 움직임을 보였는데 그 중에서도 특히 광주의 학생들이 전남대와 조선대를 중심으로 적극성을 보여 5월 13일부터 16일까지 잇따라 가두시위에 나섰다.

여기에는 신군부에 대한 비판과 저항에 있어서 광주가 대구나 부산에 뒤질 수 없다는 일종의 경쟁의식도 작용했을 것 같은데 이에 못지않게 중요한 것은 광주 학생운동의 전통이었다. 일제 강점기인 1929년 조선 여학생에 대한 일본 남학생의 희롱이 도화선이 되어 일어난 '광주학생사건'은 호남은 물론이고 함경북도의 변경에 이르기까지 전국 방방곡곡에서 수개월 동안 집단적인 항일운동으로 전파되었고, 광주 학생들은 이러한 역사에 늘 자긍심을 갖고 있었다. 이것은 광주 학생들의 기질이랄까 성향과도 무관하지 않다.

이러한 상황에서 전두환의 신군부는 훗날 자신들에게 어떠한 결과가 오던지 개의치 않고, 어떠한 희생을 치르더라도 절대로 학생들과 시민들의 요구대로 물러나지 않겠다고 결심한 것 같다. 우선은 학생들을 조용하게 만드는 일부터 필요한데, 이를 위해 지금까지의 진압 방법과는 다른, 특단의 방법으로 공수부대를 투입한 것이 아닌가 하는 생각이 든다.

추측하건데, 신군부 군인들은 학생 시위가 계속되는 것은 당국의 시위 진압방법이 너무나 온건해서 학생들이 이를 두려워하지 않는 것도 하나의 원인이라고 판단한 것 같다. 시위가 꼬리 무는 고리를 끊으려면 한 번 가혹한 조치를 보여주는 것이 필요하며, 지금이 바로 이를 실행해야 될 때라고 생각한 것 같다. 실행 장소로 도시의 크기나, 인구 수, 도시의 구조 등을 고려하여 광주를 택한 것으로 보인다.

광주 시민들에게는 신군부의 선택이 정말 불행이 아닐 수 없었다. 신군부는 5월 18일 광주에 공수부대를 투입하기 전에 광주 인근에 사나흘 간 공수부대원들을 태운 차량들을 순회시켰다. 시위대의 사기를 꺾으려 했던 것 같다. 일부 시민들은 이 차량들을 주의 깊게 보고 불길한 느낌을 받기도 했지만, 대부분의 학생들과 시민들은 큰 의미를 두지 않았던 것 같다.

5·18 광주민주항쟁을 주도한 세력은 이승만에 저항한 1960년의 4·19나 박정희에 대항한 1979년의 부마항쟁처럼 대부분이 순진하고 비조직적인 학생들과 젊은 청년들이었다. 이들이 믿는 것은 4·19나 부마항쟁처럼 용기 있는 자가 먼저 일어나면 일반 시민들이 합세할 것이고, 그 세력이 삽시간에 구름처럼 커지면 이를 진압하려는 세력은 도망치기에 여념이 없을 것이라는 생각이었다.

그러나 이번에 그들이 상대할 대상은 행동에 앞서 범

적 규정을 따지는데 습관이 되어 있는 경찰이나 국토방위의 의무를 다하기 위해 징집에 응한 온순한 군인들이 아니었다.

이번에 상대할 사람들은 적의 후방에 뛰어들어 상대방을 무자비하게 제압하도록 특별히 훈련받은, 오로지 명령 복종과 임무 완수만이 미덕인 특수 전투병이었다. 광주 시민들이 데모 진압에 투입된 공수부대원들의 참모습을 보는 데에는 시간이 별로 걸리지 않았다. 진압 방법이 너무도 처참하여 담담하게 읽어 가기가 어려운, 당시의 일들을 기록한 황석영 작가의 글 가운데 몇 부분을 소개하면 다음과 같다

> 5월18일 일요일: 항쟁 1일째
>
> 오후 1시쯤 수창국민학교에는 20여 대의 군용 트럭들이 집결하고 있었다. 병력은 전원 공수대원들이었다. 그들은 그곳에서 한두 시간 동안 작전명령을 받고 조를 재편성했다.
> 공수대원들은 모두 완전무장을 갖추었는데, 얼굴에 투석 방어용 철망이 부착된 철모를 쓰고, 총은 등에다

엇비슷하게 메고, 한 손에는 대검을, 또 다른 손에는 '쇠심이 박힌 살상용의 특수 곤봉'을 들고 있었다. [중략] 공수대원들은 서너 명이 1개 조가 되어 학생처럼 보이는 청년들은 무조건 쫓아가 곤봉으로 머리를 때리고 가슴과 배를 내질렀다.
조금이라도 반항하는 기색이 보이면 그들은 가차 없이 대검으로 배를 쑤셨다 [중략] 공수대원들은 뛰어다니면서 주변에 숨어있는 청년들을 두들겨 패고 나서 손목을 뒤로 하여 포승으로 묶고는 차에다 던져 올렸다.

어느 할아버지는 "저럴 수가 있단 말이냐. 나는 일제 때에도 무서운 순사들도 많이 보고, 6·25 때 공산당도 겪었지만 저렇게 잔인하게 죽이는 놈들은 처음 보았다. 학생들이 무슨 죄가 있길래 저러는가. 죄가 있다고 해도 저럴 수는 없다. 저놈들은 국군이 아니라 사람의 탈을 쓴 악귀들이야" 하면서 통곡했다 [중략] 온 거리는 피의 강, 울음의 바다가 되었다. 공수부대가 진입한 곳에서는 단 30분도 못 되어 거리가 쥐죽은 듯 해졌고 길바닥에는 군데군데 핏물이 흥건히 고였다. 동명동 입구에서도 최소한 40여 명의 젊은이들이 살상되었다.

> **삶과 죽음의 문턱에서: 5월 27일 항쟁 10일 째**
>
> 항쟁지도부 전원은 며칠씩 잠을 잘 수 없었고 식사도 하루 한두 끼 밖에 먹을 틈이 없었다. 그들을 지탱해 준 것은 시민들의 자기희생과 민주화에 대한 열망, 그리고 자신들의 주장이 갖는 정당성과 그 정당성에 대한 확고한 신념이었다.
> 어느 고교생은 어두워 질 무렵에 도청 앞에서 온 거리가 떠나가라고 처절하게 울어댔다.
> 자기 누나가 공수부대에게 잔인하게 학살당했다는 것이다. "내게 총을 주세요. 나도 싸울 수 있어요." 그 학생은 이날 밤 [전남도청을 계엄군에게 빼앗기지 않으려는] 최후의 전투에 참가하여 계엄군의 총에 맞아 역시 자신의 누나처럼 죽어갔다.

박정희와 전두환, 공통점과 차이점

5·18 광주민주항쟁은 12·12. 군사반란과 하극상으로 국가권력을 장악하려 한 신군부에 반대한 학생들

과 시민들의 시위가 지속되면서 사회가 혼란스러워지고 국정운영에 차질을 빚게 되자 민주주의사회에서 흔히 볼 수 있는 시민들의 시위를 신군부가 자신들의 집권을 위하여 무자비하게 탄압하고, 이에 일부 시민은 자신의 생명을 지키기 위해서라도 탈취한 무기로 진압군에 저항한 사건이었다. 애초에 평화적인 시위였던 것이 일부 내란의 성격마저 띤 민중봉기가 되어버린 1980년 5월 18일부터 27일까지 열흘 동안 광주에서 일어난 역사적인 사건이었다.

5월 27일 이후 신군부가 권력을 공고화해 가는 과정을 보면, 광주사태는 학생들만이 아니라 어떤 세력도 신군부가 하는 일에 반대하지 못하도록 경고하려는 목적에서 철저히 기획한 사건이 아닌가 하는 생각마저 든다.

무엇보다도 5·18 광주민주항쟁의 원인과 관련하여 신군부는 김대중을 북한의 사주를 받은 광주사태의 주모자로 지목하고 그와 함께 '민주주의와 민족통일을 위한 국민연합'의 공동대표를 맡았던 문익환, 함석헌, 윤보선과 지지자 등 24명을 내란음모, 국가보안법, 계엄법 위반 등으로 구속하였다. 9월 군법재판에서 김대중에게 사형을 선고하고 1981년 1월 대법원에서 사형 확정 판결을 내렸다.

군대라는 물리력으로 정치적 반대세력을 제압하고 국가권력을 장악한 전두환은 그 이후의 정치 행보에서 박정희와 많은 유사점을 보였다. 5·16 직후 박정희가 국가권력의 최고기관으로 초헌법적 기구인 '국가재건최고회의'를 설치하여 자신을 중심으로 하는 권위주의 체제를 운영해 나갔듯이 전두환도 '국가보위비상대책위원회(약칭: 국보위)'를 설치하여 실권이 없는 위원장 자리는 최규하 대통령에게 주고 자신은 국보위 상임위원장이 되어 국보위를 이끄는 실권을 행사하였다.

그리고 곧 최규하 대통령으로 하여금 대통령직에서 사임하도록 심리적으로 압박을 가하여 전두환이 임기 7년의 대통령 자리를 차지한 것을 보면, 박정희가 윤보선의 정계 은퇴와 함께 장충체육관에서 간선으로 선출된 일명 '체육관 대통령'이긴 하지만 '대통령'에 취임한 것과 같다고 하겠다.

전두환이 이에 대한 비판을 금하기 위하여 언론을 탄압한 것이나 사회적으로 공포분위기를 조성한 것도 박정희의 유신체제와 매우 흡사하다. 광주민주항쟁 이후 신군부는 수십 개의 언론사를 통폐합하고 천여 명 이상의 기자 및 언론인을 해직시켰다.

1980년 8월부터 이듬해 정월까지 치안 보호를 명분으로 운영한 '삼청교육대'는 초법적인 징벌기구였고, 무고한 사람들을 유언비어 유포자로 고문하고 인권유린을 자행하여 악명 높은 북한의 '요덕수용소'로 불리기도 했다.

다만 전두환의 행적에서 박정희와 차이점이 있다고 하면 박정희가 1979년 '부마항쟁'에도 불구하고 대통령직을 고수하려다가 심복인 김재규에게 피살된 것과는 달리, 전두환은 '4.13 호헌조치'와 같은 꼼수로 집권을 연장해 보려 했으나 1987년 '6월 항쟁'으로 민주화의 요구가 거세지자 대통령 간선제에서 직선제로 바꾸는 것을 골자로 한 '6.29 민주화선언'을 수용했다는 점이다. 전두환은 마지막 순간에 권력의 자리를 자신의 분신이나 다름없는 노태우에게 물려주고 물러나 정치변동의 소용돌이에서도 박정희와 같은 피살은 면했다고 할 수 있다.

두 사람 다 권력욕에 가득 차 있었던 점에서 같았으나, 박정희는 잔인하면서도 약간 중학교의 도덕 교사와 같은 면이 있었던 반면에 전두환은 철두철미 책략가 기질을 갖고 있었던 데서 차이점은 있다.

미국에서 광주의 현실을 듣다

내가 광주의 처참한 학살 소식을 들은 것은 미국 캔사스 주립대학에서였다. 나는 한 학기 동안 한국정치 강의를 맡아 그 대학에 가 있었다.

소식을 접한 순간 "아무리 민주주의는 피를 먹고 자라는 나무라고 한다지만 6·25, 4·19 등 우리 국민들이 흘린 피가 얼마나 부족해서 또 이렇게 피를 흘려야 하는가,"라는 탄식이 절로 나왔다.

도대체 권력이 무엇이라고, 얼마나 부귀영화를 누리겠다고 광주 시민들을 이처럼 학살하는가라는 생각에 "전두환 이놈, 나는 정말로 증오한다."는 말이 터져 나왔다.

만일 전두환이 주어진 임무대로 박정희 피살사건의 조사에 충실하고, 1980년 봄에 예정된 대통령선거를 잘 관리하여 18년의 박정희의 독재정권 끝에 민주주의라는 새로운 시대를 열었다면 어떠했을까. 그는 역사에 남는 위인이 되었음은 물론, 어쩌면 국민들의 추앙을 받아 합법적으로 대통령이 되는 길이 열렸을지도 모른다.

그러나 그의 거친 성격과 세속적인 탐욕으로 사회일부에서는 그를 '살인마'로 규탄하기에 이르렀다. 결국 그는 대통령은 되었으나 대한민국 역사에서 민주주의의 발전에 역행한 '악명 높은 죄인'이 되었다.

한편, 1980년의 5·18 광주민주항쟁은 20여 년이 지난 오늘날에도 많은 부분이 자세히 밝혀지지 않고 있다.

1980년 5월 31일 신군부의 계엄사령부의 발표에 따르면 민간인 144명, 계엄군 22명, 경찰 4명, 도합 170명이 사망한 것으로 되어 있다. 부상자는 민간인 127명, 계엄군 109명, 경찰 144명, 도합 360명으로 되어 있다. 이 숫자들은 실제와 달리 대폭 축소된 것으로 간주되고 있다.

 전남사회운동협의회가 펴낸 〈죽음을 넘어 시대의 어둠을 넘어〉에 기록된 것을 내가 재정리한 바로는 사망자 234명(신원확인자 212명), 부상자 722명, 구속자 420명(재판에서 사형에서부터 집행유예 또는 형(刑) 면제에 이르기까지 선고를 받은 자의 숫자임)이었다.

 이 숫자가 얼마나 정확한지는 알 수 없다. 정확히 몇 명의 시민이 어디에서 어떻게 항쟁에 가담하여 어떻게 피살되고 부상당했는지가 분명치 않기 때문이다.

 일각에서는 북한이 다수의 간첩 또는 북한군을 계엄군으로 위장시켜 광주지역에 은밀히 파견해 시민들을 무자비하게 진압함으로써 계엄군에 대한 시민들의 증오심을 키웠다고 주장하는데, 그 사실 여부는 밝혀지지 않았다.

 5·18 광주민주항쟁은 두 가지 면에서 우리 국민들이 극복하기 어려운 과제를 남겼다.
 첫째로, 5·18 광주민주항쟁은 해방 이후 건국과정에서부터 6·25 전쟁, 이승만과 자유당의 권위주의체제,

그리고 박정희의 독재체제 등에 이르기까지 35년에 걸쳐 남한에서 분열과 대립으로 형성된 '남남갈등'의 강도를 더욱 심화시키고 국민 사이의 대립의 골을 더욱 깊게 만들었다는 사실이다.

광주사태 당시 공수부대의 참혹한 진압과 관련해 시민들 사이에 "김대중이를 잡아 죽이고 광주시민도 모두 때려잡으려나 봐. 공수부대가 경상도 병력이라던데" 같은 말이 돌았다. 은연중에 지역 차별과 연관시킴으로써 남남갈등은 한층 더 커졌을 것이다.

남남갈등의 위험성

남남갈등은 남한의 민주주의와 국가발전을 가로막고 안보를 매우 취약하게 만들었으며, 지금과 같은 남남갈등으로는 남한 주도의 통일은 어렵다고 봐야 한다.

5·16과 12·12의 두 차례 군사정변이 보여 주듯이 남남갈등으로 인한 남한사회의 분열을 감안하면 국가권력이 쉽게 소수의 군부에 넘어갈 가능성을 완전히 배제할 수는 없다. 통일문제에서는 남한의 주도는 고사하고, 군과 민이 단합되어있는 북한에 의해 '북한이 워

하는 통일'이 진행되는 사태를 또한 완전히 배제할 수도 없을 것 같다.

더군다나 5·18 광주민주항쟁 이후 386세대에서 '친북적 주체사상'이 대거 확산된 것으로 볼 때, '남한 주도의 통일'은 이미 이전에 비해 더욱 어려워졌다고 할 수 있을 것이다.

둘째로, 5·18 광주민주항쟁은 남한 내에서 다수의 '자생적 주사파(주체사상에 스스로 동조하는 자들)'를 만들어 내는 결과를 가져왔다. 신군부에 의한 광주의 유혈사태가 일어나기 이전에는, 학생들의 반독재 민주화운동에서 일차적으로 미국을 공격의 대상으로 한다거나 북한을 옹호하는 경우는 거의 없었다.

5·18 광주민주항쟁 이후에는 확연히 달라졌다. 1981년 광주 미국문화원 방화사건을 시작으로 1985년까지 매년 부산, 대구, 서울 등지의 미국문화원들이 방화, 투석 또는 폭발물에 의한 파손, 점거 등의 수난을 겪었다.

1982년 3월 부산 문화원에 대한 학생들의 방화는 1

시간 만에 진화되었으나 동아대학 학생 한 명이 사망하는 일이 벌어졌다. 서울의 미국문화원에서는 5개 대학의 학생들이 "광주사태 책임지고 미국은 사과하라"는 전단을 창문에 부착하고 나흘간 문화원을 점거하여 농성하였다.

(서울 미국 문화원 점거사건)

광주 문화원의 경우는 수리를 마치자 또 다시 방화되었다. 이밖에 성조기를 불태우거나(강원대), "양키 고 홈! (Yangkee Go Home!)"의 구호를 외치는 일이 빈번해졌다. 그리고 학생들은 반미운동을 보다 조직적으로 전개하기 위하여 고려대학교를 위시한 몇 대학에서 노골적으로 '반미청년회'를 조직하였다.

주사파의 탄생

5·18 광주민주항쟁 이후 1980년대의 학생들, 이른바 '386세대'(이들이 50대가 되면서 '586세대'로 불림)는 전두환의 군사정권에 저항하면서 반미운동을 강조한다거나 반독재민주화운동과 반미자주화운동을 함께 추진하는 변화를 보였다. 이로써 이들의 반군사독재투쟁의 논리는 북한의 주체사상의 논리와 별로 차이가 없게 되었다.

"남한에서 민주화가 이뤄지지 않고 극우 보수정권이 계속 집권하는 것은 남한이 미국의 식민지나 다름없기 때문이다. 남북관계가 계속 대립과 긴장의 관계로 가는 것도 미국 때문이며, 미군이 남한에 계속 주둔하는 한 통일은 불가능하다."는 등의 주장이 그 예다.

"왜, 무엇 때문에 5·18 광주민주항쟁 이후 남한의 학생운동이 반미운동으로 옮아가고 북한의 주사파들의 주장과 맥을 같이하거나 비슷하게 되었는가?"라고 질문하자 〈강철서신〉의 작성자로서 1980년대 학생운동에 큰 영향을 미친 주사파의 대부 격인 김영환[19]은 이렇게 답하였다. "학생들은 5·18 광주민주운동 당시 미국이 도와주기를 바랐는데 미국은 이를 외면했기 때문이다."

---

19 서울대 공법학과 82학번으로 80년대 중반 대학가에 유행했던 〈강철서신〉의 저자다. '강철'이라는 필명으로 '수령론', '품성론' 등 주체사상을 대학가와 노동계에 전파했으며, 1989년 7월 북한 공작원에 포섭되어 노동당에 입당한 뒤 '관악산 1호'라는 암호명을 부여받았으며, 1991년 잠수정으로 밀입북하여 김일성을 직접 만나기도 했다.

그러나 그는 1995년 무렵부터 심경의 변화를 보이기 시작해 주체사상에 대한 자신의 오류를 시인하는가 하면 1998년에 잡지 〈시대정신〉을 창간해 김정일 정권 타도투쟁을 제안하는 등 전향에 앞장섰다. 당국에 구속된 1999년, '사상전향문'을 쓰고 석방되었으며 이후 북한 인권운동가로 변신, 2012년 3월 29일 중국 현지의 탈북자들에 대한 지원 활동 중에 중국 공안에 체포되었다가 114일 만에 풀려났다.

광주에 진입한 계엄군의 시민 시위대에 대한 진압이 예상외로 가혹해지자 광주의 학생들과 시민들은 미국이 개입하여 유혈진압을 중단하도록 한국 정부와 신군부에 압력을 가해 주기를 원했다.

실제로 최규하 대통령을 비롯하여 어느 누구도, 어떠한 정치세력도 전두환에게 격심한 진압을 중단하도록 요청하거나 설득에 나서려고 하지 않았다. 오로지 미국만이 광주시민들의 유일한 희망이 될 수밖에 없었다.

일부 학생들과 시민들은 한국의 민주화는 당시 미국의 이해관계와도 맞았기 때문에 미국이 광주사태에 개입하려 할 것으로 생각했던 것 같다.

특히 카터 미국 대통령의 인권의 중시 성향으로 볼 때 미국의 개입은 개연성이 상당히 높을 것으로 추정되었을 수 있다. 더군다나 그 당시 미국 기자들이 광주 현지에서 사진도 찍고 기사도 작성했기 때문에 광주사태의 자세한 상황이 미국에서 보도되고 있었다.

그러나 광주시민들의 간절한 희망은 이뤄지지 않았

다. 한국 사태에 대하여 미국 행정부의 관심은 물론 컸을 것이다. 결과적으로 '현실주의'적인 미국의 대외정책의 한계이기도 했지만, 미국의 최우선적인 관심사는 당시 한국 내에서의 혼란상황을 이용하여 북한이 취할 행동에 대한 대비책을 마련하는 것이었다.

신군부도 이 점에 착안하여 남한의 혼란을 이용한 북한의 행동 가능성을 크게 부각시켰다. 신군부의 이러한 홍보 방향은 미국의 개입을 피해보려는 목적만은 아니었다. 학생들과 일반 시민들이 반(反)군부 시위에 참여하는 것을 막는 동시에 북한에 대한 일종의 경고이기도 했다. 또한 한국 내 우익세력의 신군부에 대한 지지를 유도하는 한편, 신군부의 가혹한 진압을 정당화하는 등 다목적의 의도를 반영한 것이었다.

한국의 상황과 관련, 미 행정부에서도 미국이 전두환의 행동을 견제할 것인지, 개입하지 않을 것인지를 두고 견제파와 방관파로 양분되었지만, 한반도의 '현상타파'를 위한 북한의 기습 행동에 대비하기 위해서는 무엇보다도 한국 내부 사정이 안정되어야 했다. 이에 필요한 치안과 법질서의 유지를 위해서라면(비록 한국 민주화가 일시적으로 후퇴하더라도) 신군부의 상황 장악이 당시의 정세로서는 최선이라고 미국 행정부는 판단했던 것이다.

미국은 북한의 군사행동을 억제하기 위한 조치로, 필리핀 수빅 만에 정박 중인 항공모함을 부산에 입항시켰다. 이때까지만 해도 미국의 도움에 대한 기대감과 희망에 차 있던 광주 시민들은 5월 22일 미 국방성 대변인이 존 위컴 주한유엔군사 사령관 겸 한미연합사 사령관[20] 이 그의 작전지휘권 아래에 있는 한국군을 군중 진압에 동원하려는 한국 정부의 요청에 동의했다고 발표하자 크게 실망했고, 일부는 강한 반미 감정에

---

20 존 위컴 전(前) 미 육군 참모총장은 1979년부터 1983년까지 한미연합사 사령관으로 재임하며 10·26과 12·12 사태, 5·18 광주 민주화운동, 신군부의 집권 등 한국 현대사의 격동기를 겪었다. 전시 및 평시 작전통제권을 가진 한미연합사 사령관으로서 80년 당시 신군부의 행동을 사실상 묵인했다는 평가를 받는다. 특히 육군 20사단의 광주 시위 진압 투입을 위해 작전통제권을 이양해 달라는 신군부 측 요청을 수락한 바 있다. 그는 1999년 발간한 회고록 『위기의 한국(Korea on the Brink)』에서 신군부의 권력 장악을 피할 수 없는 현실로 받아들이고, 미국의 국익을 위해 전두환의 신군부와 협력해야 했다는 의견을 냈다. 2024년 향년 95세로 별세했다.

빠지게 된 것 같다.

　5·18 광주민주운동의 참담한 결과로부터 영향 받을 수밖에 없었던 1980년대의 대학 입학생들, 이른바 '386세대'는 반미·친북 성향으로 기울었고, 이들이 대학을 졸업한 뒤 교육계, 노동계, 기업, 법조계, 정당, 시민단체 등에 진출함으로써 한국의 사회와 정치는 사상논쟁과 끝없는 대립에 접어들게 된다.
　이념적 차이를 배경으로 한 대립은 민주주의의 요체인 타협과 양보를 어렵게 하였고, 남남갈등은 그 끝을 예측하기 어렵게 흘러갔다.

(전두환에게 태극 무공훈장을 수여받는 존 위컴 사령관)

내가 남남갈등을 심각하게 다루게 된 것은 한국이 일류국가가 되는데 있어서 이것이 지속적으로 가장 큰 장애가 될 것이라는 판단 때문이다. 또한 한반도의 통일이 이뤄지는 단계에 가서 남한 주도의 통일은커녕 남한 사회의 일방적인 파탄을 가져올 지도 모른다는 우려 때문이다. 이것을 그대로 두면 '또 다른' 갈등, 즉 '새로운' 남남갈등을 만들어 낼 수도 있어 갈등은 극복하기가 점점 더 어려워질 것이다.

남남갈등의 기원

1980년 5월의 광주민주항쟁은 대한민국의 80년 정치사에서 고질처럼 끊이지 않는 남남갈등의 골을 더욱 깊게 하고, 80년대 대학가에서 북한의 주체사상을 따르는 종북, 친북세력의 등장에 영향을 준 점에서, 대한민국의 자유민주주의 발전에 배치되는 부작용을 낳았다.

그럼에도 불구하고 광주민주항쟁은 군부 권위주의 체제를 끝내고 문민정부가 나라를 이끌도록 만든 1987년 6월 항쟁을 유도한 점에서, 1960년의 4·19

민주혁명과 함께 대한민국의 민주화를 쟁취한 역사적인 사건으로 길이 기억될 것이다.

특히 광주민주항쟁은 아무리 가혹하고 잔인하게 억압을 하여도 끝까지 저항한다는 측면에서 볼 때 다시는 이 땅에서 군부가 쿠데타로 국민을 지배할 생각은 하지 못할 것이다.

쿠데타로 잠시 국가기관을 점령할 수는 있을지라도 곧 전두환이 그랬던 것처럼 살인죄, 국기문란죄로 법정에 서야 할 것이다. 이 점은 김정은을 위시한 북한의 지배 엘리트들에게도 그대로 적용될 것이라 생각한다.

그들은 그동안 남한의 민주화운동을 세밀히 관찰하고 분석했을 것이다. 그들이 얻은 결론은, 추측하건데 그들이 바보가 아니라면, 설령 무력으로 남한을 점령한다고 해도 북한의 정치와 경제체제로 남한 사람들을 통제하기는 불가능하다는 지점에 이르렀을 것이다.

그렇다면 지배당하지 않을 사람들을 지배하겠다고 남한을 점령하려고 시도할 수는 없을 것이기에, 5·18 광주사태는 남한의 군부뿐 아니라 김정은을 비롯한 북한의 지배 엘리트들에게도 유사한 경고를 보내는 효과를 갖고 있다.

　다만 광주민주항쟁이 북한에 대한 경고성 효과를 지속하려면 광주 중심의 호남지역이 남남갈등의 중심이 아니라 다른 지역과 같은 보통의 지역으로 인식되는 변화, 즉 호남과 비호남이 대한민국의 체제에서 융합을 이루는 변화가 필요하다. 이 같은 변화는 온 국민이 함께하는 국가 차원의 노력이 있어야 가능할 것이다.

chapter 7

남남(南南) 갈등

남남(南南) 갈등

대한민국 80년은 제1공화국의 수립에서 제4차 산업화에 진입한 현재에 이르기까지 정치적 민주화와 산업화가 병행하여 발전해온 역사이다. 나는 이에 더하여 80년을 꿰뚫고 유지되어온 '남남갈등'의 역사를 이해해야 한다고 생각한다.

1948년 8월 출범한 근대적 국민국가(nation-state)로서의 대한민국의 사회적 갈등을 고찰하려면 전통사회에서의 사회적 갈등의 성격을 간략히 설명할 필요가 있다. 전통의 요소가 여전히 국내 정치와 내부 갈등에 영향을 주기 때문이다. 관료주의적 행태로 남아있는 관존민비(官尊民卑)의 문화가 그런 예의 하나가 될 것이다.

유교적 전통사회의 갈등

서구적 문물에 의해 근대화되기 이전에 한국의 전통사회를 지배한 가장 강력한 가치관은 중국에서 들어온 유교적 가치관이었다. 삼강오륜에서 시작하여 공자, 맹자와 같은 중국 성현들의 가르침으로 이뤄진 유교적 가치관은 조선조의 정치는 물론이고 사회질서를 유지하고 사회 구성원들의 행동을 규제하는 규범이었다.

조선조의 전통사회에서는 성별에 따른 남녀 차이(男女有別), 나이에 따른 차별(長幼有序)과 함께 출생에 따른 신분으로 양반, 중인, 상민, 천인 등 네 계급이 있었는가 하면, 하는 일도 사농공상(士農工商)의 순서로 서열을 정하여 상업을 매우 천시하였다.

한편, 맹자는 사람이 하는 일(노동)을 정신적인 일과 육체적인 일로 나누고 정신적인 일 가운데서도 군자(君子)가 되는 것을 가장 고귀한 일로 간주하였다. 군자가 되려면 오로지 학문에 전념하여 '하늘의 이치(天理)'를 깨우치고 터득한 천리에 따라 어리석은 백성들을 이끌어 가는 목민관이 되어야 한다.

한국의 전통사회에서 가장 이상적인 삶은 양반집의 아들로 태어나 과거시험에 합격하여 관직에 임명되는 것이었다. 양반집 자식이어야 과거시험에 응시할 수 있고, 관직을 얻지 못하면 먹고 살기 위해 농사라도 지어야 하고 천시 당하는 육체노동을 해야 했기 때문이다.

그런데 관직의 수는 일정한 반면, 인구의 증가로 인하여 양반 인구는 계속 늘어나 불가피하게 양반들 사이의 경쟁은 치열해진다. 경쟁의 현실은 양반들로 하여금 파당을 형성하여 서로 모함하고 죽기 살기로 싸우는 당쟁을 유발한다. 일단 관직을 얻고 난 뒤에는 백성들을 위해 선정을 베푸는 목민관이 아니라 자기 자손들이 육체노동을 하지 않고도 살 수 있도록 관직을 이용하여 부지런히 재물을 끌어 모으고 백성들의 고혈을 쥐어짜는 탐관오리가 되기도 한다. 육체노동을 천시함으로써 관리들의 부패는 늘고 사회적 갈등이 증가하는 것이다.

'사농공상'으로 직업에 서열을 정한 것 또한 유교적 전통사회에서 평민들 사이에 갈등을 촉발하고 전문기술의 발전을 저해하여 산업화를 지연시켰다.

사농공상의 서열 문화는 모든 사람들의 삶에 지대한 영향을 미쳤다. 비록 자신은 가정형편 때문에 제대로 교육을 받지 못해 존경받지 못하는 농사꾼이나 대장장이, 장사꾼처럼 육체적인 일을 하고 살지만 자식들만큼은 어떻게든 교육을 시켜 육체노동이 아닌 일에 종사하도록 하려는, 특히 관리(官吏)를 만들겠다는 일념으로 자신들의 삶 모두를 자식 교육을 위해 기꺼이 희생하는 풍조를 만들기도 했다. 이것이 거의 병적이라 할 만한 한국 부모들의 높은 교육열을 만들었고, 높은 교육열은 해방 이후 한국이 비교적 짧은 기간에 놀라운 국가발전을 이루는데 크게 기여하였다.

전통사회의 가치관이 한편으로는 관존민비의 비민주적인 문화를 지속시키는 작용도 하였다. 이것은 막스 베버가 적절히 지적하였듯이 "모든 직업은 하느님이 주신 것이니 각기 저마다 자기의 직업에 충실하는 것만이 하느님의 소명을 다하는 것"이라는 서구의 기독교적 윤리관이 건전한 자본주의의 발전에 기초가 된 것과는 매우 대조적이다.

우리 전통사회에서 상업을 천시한 것은 상업의 발전에 장애가 되었을 뿐 아니라 시민계급의 등장을 지연시킨 원인의 하나였다. 그나마 봇짐을 메고 지방으로 돌아다니며 장사를 하던 보부상들이 있었는데, 이들은 지방의 동향을 서울의 중앙기관에 보고하는 정보원 역할도 했기 때문에 지방의 관리들도 이들의 환심을 사려고 노력하는 판이었다. 그러다보니 보부상들의 횡포는 대단했다. 이들은 지방 장시(場市)가 만들어지는 것을 방해하기 위해 지방의 관리들을 이용하기도 했다.

이들의 횡포가 얼마나 심하였던지, 1894년 동학농민혁명 당시 중앙정부에 대한 동학농민군의 요구사항 가운데 보부상들의 지방 장시에 대한 횡포를 금하도록 해달라는 것이 포함될 정도였다.

(체포된 동학농민혁명 지도자 전봉준)

동학농민혁명이 일어나자 서울의 중앙정부는 보부상들을 모아 무장시켜 현지로 급파했는데 이들은 오랫동안 보부상들로 인해 시달려 왔던 동학 농민군에 의해 전멸 당하였다. 이 점은 서구에서 상인들이 시민계급의 중심을 이루어 전제군주정치의 몰락을 가져온 시민혁명을 주도한 것과 대조를 이룬다고 하겠다.

대한민국의 남남갈등: 그 깊고 질긴 뿌리

인류 문화사에서 볼 때 갈등은 어떤 사회에서나 있어 왔고 앞으로도 그럴 것이다. 갈등이 반드시 나쁜 것만도 아니다. 갈등은 사회 구성원 간의 대립과 분열을 일으켜 사회 안정을 해치고 불필요한 사회비용을 유발하기는 하지만 갈등 때문에 사회가 발전하기도 한다.

일부 정치학자와 사회학자는 갈등의 순기능을 예찬하기도 한다, 대한민국의 경우, 국민들 모두 정도의 차이는 있을지언정 남남갈등의 조장자이고 피해자이다. 자신의 이익을 위해 남남갈등을 부추기기도 하고 그에 따른 피해를 입기도 하여 더 큰 갈등에 동조한 면도 있다.

이씨조선의 당파 싸움이 나라를 송두리째 일본에게 갖다 준 것은 차치하고라도 8·15 해방공간에서의 심각한 대결, 대한민국 건국과정에서의 남북 분열이 민족 내부에서 벌어진 갈등과 무관하다고 할 수는 없을 것이다.

8·15 해방이 우리 민족 스스로의 힘으로 이루어지지 못하고 미국과 소련이라는 외세에 의해 이루어졌기 때문에 우리가 미·소에 의한 한반도의 분할점령을 막기에는 역부족이었다. 그렇다 해도 우리 민족이 남북 분단만은 절대로 안 된다는 일치단결된 모습을 미국과 소련에 보였더라면 상황은 달라졌을지도 모른다.

그러나 일반 대중은 고사하고 목숨 걸고 독립운동에 참여한 이른바 '민족지도자'를 자처한 인물들마저 남북 분단을 둘러싸고 분열된 모습을 보였다. 한반도의 분단을 끝내 막지 못하였고 그 결과 6·25 전쟁을 비롯하여 숱한 비극을 맞이할 수밖에 없었다.

의도야 어찌되었던 간에 해방공간에서 좌익과 우익의 대립에 바탕을 둔 민족 내부의 갈등, 특히 남한 내의 갈등으로 인하여 우리 민족 스스로가 한반도의 분단을 재촉한 꼴이 되었다.

해방공간의 대표적인 남남갈등은 대구 10.1. 사건, 제주도 4·3 사건, 여수-순천 반란사건 등으로 표출되었다. 당시 대중 속으로 깊이 파고든 좌익 세력은 우익을 압도할 만큼 강했다. 그 원인을 생각해보면 8·15 해방 이전부터 광주와 목포를 거점으로 한 호남지역의 공산당 지하조직과 연이어 남로당의 조직을 강화해온 박헌영과 그 일파의 역할이 컸다.

또한 거창한 명칭에 비해 실제 역할은 크지 못하였던 '건국준비위원회'(1945년 8월 여운형이 출범시킨 조직), 조선공산당의 박헌영이 여운형과 함께 1945년 9월 15일에 수립을 선포해 이듬해 2월까지 '주장'으로서만 존재할 뿐 실체는 없었던 '조선인민공화국'[21](여

---

21 조선인민공화국 (People's Republic of Korea)은 광복 직후, 여운형이 이끄는 건국준비위원회(건준)가 1945년 9월 6일 전국인민대표자회의를 열고 선포한 미승인국이다. 해방 직후 과도기에 건준 세력이 정치적 주도권을 장악하기 위해 선포한 것으로 평가된다. 민족주의, 중도좌파 등이 참여해 표면적으로는 좌우를 망라한 구성을 갖고 있었으나 실제로는 3분의 2 가량이 공산주의자였다. 상징적으로 주석 이승만, 내

운형은 '부주석'의 호칭으로 참여)은 해방공간에서 좌익세력의 확장에 큰 도움이 된 것으로 보인다.

(건준 본부로 쓰인 YMCA건물에서 회의를 진행하는 여운형)

무부장 김구 등을 내세웠지만 인민대표자회의에서 주석으로 추대된 이승만은 1945년 10월 18일 귀국한 뒤 기자회견에서 자신이 조선인민공화국의 주석으로 추대된 것은 모르는 일이라고 밝혔고 나중에 공식적으로 주석직을 거부하였다. 김구와 김규식도 기자회견을 통해 조선인민공화국과의 관계를 부인하였다. 이 조직은 미군정으로부터도 인정받지 못하고 1946년 미군정에 의해 와해된다.

[참조] 건국준비위원회

 1945년 8월, 일본의 패배가 임박하자 당시 조선총독부는 여운형을 만나 한반도에서 철수하는 일본인의 안전을 보장해 달라고 요구한다. 이에 여운형은 조선의 정치범, 경제범을 즉시 석방하고 치안유지와 건설사업에 아무런 구속과 간섭을 하지 말라는 등의 조건을 제시한다.

 여운형이 이렇게 조선총독부와 타협한 이유는 일본군이 철수하면서 조선인들을 학살하거나 조선인들이 친일파 처단을 명분으로 마구잡이식 살인을 벌이는 등의 사회혼란이 일어날 것을 걱정했기 때문이었다.

 총독부와 여운형의 합의가 이뤄지자, 여운형은 사전에 결성했던 비밀 독립운동단체인 건국동맹을 모체로 건국준비위원회(건준)를 발족하게 된다. 건준 위원장은 여운형, 부위원장은 안재홍이 맡았다.

 8월 16일, 여운형의 요구대로 서대문형무소, 경성형무소에 갇혀 있던 독립운동가들이 석방되었고, 건준은 건국치안대를 조직해 치안활동을 벌였다. 건준은 9월 6일 조선인민공화국이 선포되면서 발전적 해체를 선언했다.

호남지역의 정치문화사적 배경

박헌영과 그를 따르는 좌익들이 다른 지역보다 호남지역에서 특히 조직적 성과를 거둔 이유는 호남지역의 특수한 정치문화사적 배경과 사회경제적 요인으로 설명될 수 있다.

호남지역 사람들에 대한 비호남지역에서의 편견과 차별대우는 오래전부터 시작되어 거의 삼국시대로까지 거슬러 올라갈 수 있다고 생각한다. 수 세기 동안 신라와 백제 간의 전쟁 끝에 신라가 백제를 멸망시켰고, 백제 사람들은 후백제를 세워 다시 신라에 대항함으로써 영남과 호남의 갈등은 후삼국시대로 이어졌다.

백제가 멸망한 뒤에 신라 사람들이 백제 사람들을 어떻게 대우했는지는 역사의 기록이 없어서 알 수는 없으나 가혹한 차별 대우로 백제 사람들이 많은 고통을 받았을 것이란 추측은 가능하다. 설령 기록이 있다 한들 역사는 이긴 자 중심으로 기술되기 때문에 기록의 신빙성에 문제가 있을 수 있다.

예를 들어 백제의 마지막 왕인 의자왕은 궁녀 3천명

을 거느리고 매일 술과 가무로 방탕한 세월을 보낸 도덕적으로 '나쁜 군주'로 묘사되었다. "전라도 사람들은 사기성이 많고 신의가 없다."는 표현에서 알 수 있듯 전라도 사람을 혹평하는 말들과 편견이 비호남지방에 많이 널려 있다.

나의 대학 동기생이 경북 산골에서 서울 유학을 앞두고 할머니에게 인사하러 갔더니 평생 동네 밖을 별로 나가본 적이 없는 할머니가 "전라도 사람을 조심하라."고 말했다고 하니 그 지역의 분위기를 알만 하다. 이러한 편견은 영호남이 신라와 백제로 싸웠던, 그야말로 태곳적 일의 영향이 남아있는 편견이기가 쉽다.

고려 태조 왕건이 대를 이을 후세 왕들에게 국정의 참고지침으로 남겼다는 훈요십조(訓要十條)의 8조에는 "차령산맥 남쪽과 금강 이남은 '배역(배신과 역습)의 땅'이므로 이 지역 출신들은 관직에 등용하지 말 것"이라고 되어 있다. 이것이 공식적으로 호남 차별의 한 기원이라고 일제 강점기 조선총독부의 조선사편수회 소속 사학자들은 해석한 바 있다.

차령산맥 남쪽과 금강 이남을 호남지역으로 해석하

것은 조선을 강탈하여 통치한 총독부의 관리의 입장에서 호남지역에 대한 부정적인 선입견에서 온 해석일 수도 있다. 호남지역은 동학농민혁명 때 조선 농민군이 일본군과 싸웠던 지역이기 때문이다.

뿐만 아니라 일제 강점기에 일본 관리들이 "조선인들은 관(官)의 지시에 대하여 늘 저항하고 저희들끼리도 분열이 되어 자주 싸운다. 따라서 조선인들을 다루려면 강압적으로 폭력을 써야 하며, 뭉치지 않도록 계속 서로 싸우게 만들어야 한다."고 말했다는 것은 널리 알려진 사실이다.

일본인들은 독립운동을 하는 조선인들을 '후데이센진(不逞鮮人)'이라고 불렀는데 후데이(不逞)는 '불만이나 원한을 품고 소란을 일킨다'는 뜻으로, 품성이 좋지 않은 건달·깡패의 의미도 내포하고 있다. 일본에 저항하는 조선인 독립운동가들의 품성에 대하여 본질적으로 불량한 사람이라고 비하했던 것이다.

정치문화사 면에서 호남지역을 설명하면서 빼놓을 수 없는 요소가 또 하나 있다. 동학(東學)사상이 호남지역에 미친 영향이다. 동학사상은 원래 경주의 유생인 최제우가 과거시험에 여러 번 실패한 후에 유교, 불교, 그리고 토착종교인 선교(仙敎)의 교리를 합쳐서 교리를 만든 것으로, 당시 조선에 은밀히 들어와 빠르게 전파되던 서학(西學)에 대립한다는 뜻에서 동학이라 불렀다.

그런데 동학의 전파는 막상 최제우 교주가 있었던 영남지방보다는 제2대 교주 최시형 때 호남지방에서 활발히 전파되었다. 영남지방에서는 동학을 전파할 여건이 되지 않았기 때문이다. '진주민란' 또는 '철종민란'으로 알려진, 1862년 경상도 단성(지금의 경상남도 산청)에서 탐관오리들의 착취에 견디다 못한 농민들이 집단으로 관에 저항한 민란이 있었다.

이를 시작으로 영남지방의 서른 곳 이상에서 농민들의 연쇄적인 민란이 있었고 이로 인하여 영남지방에 대한 중앙정부의 감독이 강화되는 한편, 농민들에 대한 지방정부의 감시도 강화되었다. 실제로 최제우 교주는 혹세무민의 죄로 처형되었다.

동학이 가난하고 '쌍놈'으로 불리는 상민(常民)의 낮은 신분이던 대부분의 농민들에게 호감을 주었던 이유는 동학이 주장하는 강력한 평등주의와 '새천년 내세

사상(millenarianism)'의 요소 때문으로 생각한다.

불교나 기독교처럼 일반종교는 살아있는 동안에 교리가 요구하는 일을 열심히 행하면 죽은 뒤에 천당에 가거나 귀한 신분으로 다시 태어나는 보상을 받는 것으로 되어 있는 반면에, 동학은 죽은 뒤가 아니고 살아있는 동안에 극락이나 천당과 같은 이상향의 세상이 온다고 제시했다. 천년에 한 번 오는 이런 세상에서는 지금 가난하고 천대받는 사람은 부유하고 귀한 사람이 되고, 지금 권세가 있고 돈 많은 부자들은 가난하고 천대받게 된다는 것이었다.

동학교도들이 꿈꾼 세상은 모두가 평등한 세상이었고, 이러한 세상이 오는 것은 하늘의 제왕인 '한울님'의 뜻이므로 아무도 이를 거역할 수 없다고 믿음으로써 혁명적인 행동에 나서게 되는 것이다.

1894년에 고부군수 조병갑의 탐학(貪虐)이 극에 달하자 동학의 접주인 전봉준이 이를 응징하려고 '보국안민(補國安民)'의 기치를 들고 봉기함으로써 이씨조선의 끝판을 뒤흔든 동학농민혁명이 일어났던 것이다.

일본은 동학농민혁명을 기회로 한국에 군대를 파견하였고, 뒤이어 청일전쟁과 러일전쟁에서 승리하자 1905년에 무능한 조선의 조정을 상대로 강제로 을사늑약을 체결하였다. 일본은 서울에 통감부를 설치하였고 이로써 조선은 실질적으로 일본의 지배하에 들어갔다. 하지만, 동학농민혁명을 통하여 농민들의 민족의식은 높아졌고 높아진 농민들의 민족의식은 이후의 항일 의병운동과 1919년의 3.1.운동으로 표출되었다.

호남지역의 사회경제적 특성

호남지역이 갖는 또 하나의 특징은 자연조건과 곡창지대, 소작인에서 찾아볼 수 있다. 온화한 기후와 논농사에 좋은 토질로 인하여 한반도의 곡창지대라 할 정도로 전통적으로 농산물의 생산량이 많았다. 그러나 토지의 대부분을 소수의 지주들이 소유함으로써 자기 땅을 경작하는 자작농은 극히 적었다. 자작농들이 소유한 경작면적조차 매우 영세하여 농민 대부분은 소작료를 내고 지주의 땅을 경작하는 소작인이 될 수밖에 없었다.

한일합방의 초기인 1914년, 농가 총호수의 1.8%에 불과한 지주가 전 경지의 절반 이상인 51.1%를 소유하였다. 그 이후에도 소수 지주들에 의한 토지의 과점(寡占) 현상은 계속되었다. 일제 식민정책의 하수기관인 동양척식주식회사의 토지조사사업과 일본보다 싼 조선의 땅값을 계기로 조선으로 이주해온 일본인 지주들까지 지주 대열에 합류했기 때문이다.

소작인들은 지주들의 땅을 조금이라도 더 경작하려고 서로 경쟁했기 때문에 소작료는 계속 올라갔고 대개 수확량의 7할을, 심한 경우에 8할까지 지주에게 소작료를 지불하였다.

지주들은 고율의 소작료 외에도 종자대, 비료대, 운반비 등을 소작인에게 부담시켰다. 지주들과 소작인들 사이의 관계는 나빠질 수밖에 없었다.

조선총독부의 조사에 의하면, 1920년에서 1939년 사이에 전국적으로 약 14만 건의 소작쟁의가 발생하였다. 그 가운데 46,526건(32.7%)이 전라도, 32,939건(23.4%)이 경상도, 26,371건(18.7%)이 충청도, 7,163건(5.8%)이 경기도, 5,865건(4.2%)이 황해도,

9,333건(6.6%)이 강원도, 10,706건(7.6%)이 평안도, 2,066건(1.5%)이 함경도에서 각각 발생했다.

일제하의 소작쟁의는 삼남(三南)지역인 전라도, 충청도, 경상도에서 빈번히 일어났는데 그 가운데 호남지역에서 소작쟁의가 가장 많았음을 알 수 있다.

이는 호남지역이 다른 지역에 비하여 지주와 소작인의 관계가 나빴음을 말해 준다. 특히 신안군과 무안군의 섬들에서 소작쟁의가 빈번히 발생했는데 그 중에서도 자은도, 암태도와 김대중의 고향인 하의도의 소작쟁의는 규모가 컸을 뿐 아니라 내용도 과격했다.

증가하는 소작쟁의

한편 호남의 소작쟁의를 시기별로 보면 1920~25년보다 시간이 갈수록 발생 빈도가 가파르게 증가하는 추세를 보였다. 1920~25년에 218건에 불과했던 전라남북도의 소작쟁의가 1933-39년에는 43,770건으로 200배 이상 대폭 증가하였다. 10여년 사이에 이와 같은 차이를 가져온 원인을 몇 가지로 유추할 수 있다.

첫째, 무엇보다 시간이 갈수록 농민들의 경제형편이 가속적으로 나빠진 데 원인이 있었다.

둘째, 지주들은 소작인들의 쟁의가 빈번해지자 소작인을 다른 사람으로 바꾸었고, 소작권의 이동이 소작쟁의의 주요 원인으로 부상하면서 소작쟁의의 증가 원인이 되었다. 초기에는 고율의 소작료가 쟁의의 직접적인 원인이었지만 후기로 갈수록 소작권의 이동이 더 크게 작용하였다.

셋째, 소작쟁의를 일으키면 만족스럽지는 못해도 부분적이나마 소작인들에게 이익을 준 것이 사실이었고 이것이 지주들을 상대로 한 쟁의의 빈도가 늘어난 원인이었다. 소작인들이 단체 행동을 하면 효과가 배가(倍加)된다는 사실을 인식하게 되면서 소작쟁의의 양상이 달라진 것이다.

호남지역의 소작쟁의는 당시 일간지들이 보도했기 때문에 전국에 널리 알려졌고, 일본인 지주 상대의 소작쟁의의 경우 전국 각처에서 소작인 단체나 쟁의 주동자에게 격려의 성금이 답지하기도 하였다.

이에 따라 사회주의나 민족주의로 고양된 의식분자

들은 호남지방의 농민들에게 접근하여 그들의 의식에 변화를 주려고 노력하였을 것으로 보인다.

(암태도 소작쟁의에 참가한 사람들)

1928년 12월 모스크바의 코민테른(공산주의 인터내셔널)이 조선공산주의운동에 대한 지침으로 조선공산당에게 내린 일명 "12월 테제"에는 농민 조직에의 침투와 농민의 조직화에 관한 지시가 담겨 있었다.

이에 따라 적색농민조합(좌익농민조합으로도 불렸다)이 전국에 출현하게 되는데 전라남도의 광양, 순천,

강진, 남해, 광주, 나주, 장성, 여수, 무안, 제주도와 전라북도의 옥구, 정읍, 부안 등지에서 공산주의자들에 의해 적색농민조합이 조직되었음이 일제 경찰에 의해 확인되었다.

이것이 해방을 맞이하기 직전까지의 호남지방의 상황이었고, 특히 심한 빈부의 차이와 30년에 걸친 소작쟁의에 의한 '있는 자'와 '없는 자' 사이의 갈등은 사회주의가 침투하기 좋은 환경을 이루고 있었다.

해방과 호남의 소요

보기에 따라서는 어느 날 갑자기 맞이하게 된 조선의 해방은 이해관계가 다양한 정치세력들 간에 해방 이후의 국가건설과 관련하여 토론과 합의를 결여한 채 해방을 맞이하도록 만들었다. 이 때문에 이들은 해방공간이라는 새로운 환경에서 각자도생(各自圖生)의 길을 가야 했다.

소련의 각본에 의해 등장한 김일성은 오로지 소련군의 지시를 따르면 되었기 때문에 그가 처한 문제들을 훨씬 쉽게 단순화할 수 있었고 국내의 정치기반과 조선공산당 내에서의 지위의 열세는 별로 문제되지 않았다. 즉 그는 처음부터 소련군이 점령한 38선 이북의 북조선을 장악하고 조선공산당 내의 지위에서도 조선공산당 북조선분국을 장악하는 것만으로 남한의 이승만이나 김구처럼 남북분단에 따른 다양한 정치세력과 얽히는 복잡한 문제에서 자유로울 수 있었다.

예컨대 김일성은 소련군의 북한에의 진주와 아울러 모든 지역에 각급 인민위원회를 거의 자동적으로 설립하고 그 기능이 정부수립과 거의 같았다. 따라서 이승만과 김구처럼 단정수립 문제로 시달릴 필요가 없었다.

즉, 김일성은 소리 없이 북한만의 단독정부를 먼저 만들었던 것이다. 토지개혁도 '해방군'인 소련군의 결정으로 지주와 일본인, 친일 부역자의 땅을 무상으로 몰수하여 농민들에게 무상 분배하는 것에 대해 아무도, 어떤 이의도 제기할 수 없었기 때문에 남한에 비하여 신속히 실시할 수 있었다.

그러나 미군정하의 남한에서는 미국의 정치체제의

성격상 소련군정이 북한지역에서 하였듯이 38선 이남에서 농촌을 개편한다는 것은 고려 자체가 불가능한 일이었다.

미군정은 소작인들의 생존권 못지않게 지주들의 재산권이 보호되어야 한다고 생각하고 있었다. 해방 이후 등장한 한국민주당(한민당)은 호남지방의 대지주들을 중심으로 결성되었고, 이 때문에 유산계급의 이익을 반영하기 위한 정당으로 간주되었다.

따라서 대부분이 소작인인 호남 농민들의 시각에서 볼 때 그들에게 미군정은 별로 도움이 안 되는 존재로 인식되었을 것이다. 이런 상황에서 북한의 토지개혁 소식이 남한에 전해졌고 "12월 테제"[22]에 따라 농촌

---

22 1928년 12월 코민테른 집행위원회가 채택한 조선공산당 재조직에 관한 결정서를 말한다. 정식 명칭은 "조선농민 및 노동자의 임무에 관한 테제"이다. 이에 따르면, 조선공산당은 기존의 인텔리 중심 조직을 버리고, 공장, 농촌으로 파고들어가 노동자와 빈농을 조직해야 하며, 민족주의자들을 근로대중으로부터 고립시켜야 한다는 것이었다. 이는 '민족주의 세력과 협동하라'는 기존 노선과는 근본적으로 방향을 달리하는 방침이다. "12월 테제"의 지침에 따라 이후 민족통일전선인 신간회가 해체되었고, 적색노조운동이 전개되었다.

의 조직화를 서두른 박헌영 중심의 조선공산당의 호남 지역 농민들에 대한 접근은 시기적으로 맞아 떨어져서 성과를 나타내기 시작한 것으로 보인다.

(1945년 9월19일 조선공산당 기관지 해방일보 1면)

조선공산당의 분화

한편, 거의 같은 시기에 조선공산당의 변화가 이후 호남지역의 상황에 큰 영향을 주게 된다. 조선공산당의 남조선노동당으로의 개편과 무장투쟁 전략의 채택이 바로 그것이다.

조선공산당은 명목상 서울에 중앙조직이 있었고, 삼팔선 이북의 당 조직은 공산당 북조선분국으로 중앙의 감독과 지시에 따르는 것으로 시작했다. 시간이 흐를수록 남쪽의 중앙은 미군정의 감시와 견제로 활동에 제약을 받은데 비하여 북조선분국은 소군정의 도움으로 조직과 활동을 활발히 전개해 나갔다. 박헌영을 중심으로 한 서울의 중앙은 중앙의 지위를 유지하기 위해서 무엇인가를 해야 한다는 판단에 초조해지기 시작했던 것으로 보인다.

다른 한편, 김일성을 중심으로 한 평양의 분국은 그들 스스로 독자적으로 공산주의 세력의 중심이 되기 위하여 1946년 8월 29일 신민당과 통합하여 '조선노동당'으로 개편했다.

서울의 중앙조직도 여운형의 인민당과 백남운의 신민당과 통합하여 남조선노동당(남로당)을 결성했다. 박헌영과 이승엽 등이 당명을 바꾼 데에는 미군정 하에서 활동하기 위해서는 '노동당'이라는 이름이 일반 대중정당 같이 보여서 '공산당'보다는 탄압을 덜 받는 이점이 있을 것이라고 기대했기 때문일 것이다.

남로당의 세력 확장 전략은, 북로당에게 마치 보란 듯이 북로당이 할 수 없는 '행동을 통한 공산주의 세력의 확장'으로 나타났다. 첫 작품이 미군정에 대항한 1946년의 9월 총파업과 10·1 대구 폭동 사건이었다.

박헌영과 그 일파가 해방 이전 호남지역 농촌에의 공산주의 사상의 전파라는 평화적 투쟁에서 노동자를 동원한 파업 및 태업, 그리고 가능하다면 무력투쟁도 불사하는 행동으로 전략을 바꾼 배경에는 칼 마르크스의 농민에 대한 관점도 어느 정도 작용했을 것으로 추정된다.

농민을 바라보는 마르크스주의의 관점

박헌영을 비롯해 일제 강점기에 고등교육을 받은 지식인들은 뭔가 행동에 옮기자면 그 행동과 관련된 이론에 충실하려는 일종의 원리주의자 같은 태도를 갖고 있었다.

박헌영 등은 마르크스와 레닌의 이론이 만들어 낸 행동가이다. 그런데 마르크스가 본 농민은 공산주의 혁명을 추진하는 혁명세력이 될 수 없으며 심지어 공산주의 혁명에 장애가 되는 존재이다.

　마르크스는 도시 중심의 공장 노동자만이 공산주의 혁명을 이끌 수 있는 세력이며, 농민은 비록 경제형편으로는 공장 노동자처럼 가난하고 착취당하고 있는 프롤레타리아계급이기는 하나 이들의 의식은 오로지 토지를 갖겠다는 소유욕에 사로잡혀서 부르주아적인 의식과 다를 바 없고 봄에 씨 뿌리고 가을 수확을 기다리듯 급격한 변화를 두려워하고 혁명을 기피한다고 보았다.

　도시 노동자의 숫자가 계속 늘어나면 공산혁명을 유도할 수 있는 여건이 온다고 보고 "양적인 증가가 질적인 변화를 가져 오는 것"으로 설명한 마르크스는 농민들에 대하여는 "감자를 아무리 쌓아 놓아도 감자일 뿐이지 다른 것이 되지는 않는 것"으로 비유하면서 공산혁명의 주역이 될 수 없다고 했다.

　마르크스의 이러한 이론을 송두리 채 뒤집은 것은 마오쩌둥의 중국 공산주의혁명이었다. 마오는 마르크스가 불가능하다고 생각했던 것을 농민들을 동원해 이루어냈다. 이 점 때문에 마오가 말년에 문화대혁명을 통하여 2백만 명 이상의 인민들을 죽게 하고 갖가지 불행을 초래했음에도 불구하고, 중국공산당은 "과오보다 공이 크다"며 마오를 중국의 국부로 떠받들고 있다. 마오쩌둥을 부인할 경우 중국 공산혁명과 중국공산당 자체를 부인하는 것이 되기 때문이다.

4·3 사건의 전개 과정

박헌영 계열의 조선공산당과 남로당 세력이 호남지역에서 오랫동안 공산주의 사상의 전파와 세력의 조직화에 공들여왔음은 앞에서 지적한 바 있다. 해방을 맞이하여 대한민국의 정부수립 과정에서 이들이 표면으로 나타나 본격적인 행동에 나선 것은 제주 4·3사건이었다.

제주 4·3사건은 남로당의 제주도 총책 김달삼이 1948년 4월 3일 새벽 2시 도내 경찰서와 우익단체 서북청년단의 사무실을 습격하여 도내의 치안과 행정을 마비시킨 사건이다. 그는 제주도 출신으로 중국의 팔로군 등에서 활동하다가 귀국한 뒤 공산주의자들과 함께 '제주인민해방군'이라는 무장조직을 만들었다.

국방경비대 총사령부는 이 사건을 진압하기 위해 모슬포에 있던 제9연대 병력을 투입하려 했으나 제9연대 병력은 1개 중대가 전부였고 그 중대장이 김달삼, 인민해방군 이덕구 사령관과 접선중이라 진압은 무위로 끝났다. 경비대 총사령부는 부산의 제5연대 제2대대를 제주도에 파견했지만, 제2대대 대대장 역시 남로당원이어서 진압작전은 또 다시 무위에 그치고 말았다.

경비대 총사령부는 수원에 있던 제2, 3, 4연대에서 인원을 차출하여 5월 15일 제주도에 파견하면서 제9연대장에 박진경 중령을 새로 임명하였으나 그는 곧 부하에게 살해당하였다.

제주도는 해방 직전에 일본군이 미군에 쫓기면서 미군에 저항할 최후의 보루로써 섬 여러 곳에 많은 땅굴들을 파 놓았다. 게다가 한라산의 삼림도 우거져 좌익 무장세력들이 숨을 곳이 많았다. 이들에 대한 토벌작전은 어려울 수밖에 없었다.

(4·3사건 당시 체포된 사람들)

이처럼 '제주인민해방군'에 대한 토벌작전에서 성과를 거두지 못하자 국방경비대 총사령부는 1948년 10월 11일 제주 경비사령부를 설치하고 여수 제14연대의 1개 대대병력을 제주도에 파견하려 하였다.

그러나 제14연대의 간부들마저 이미 남로당에 포섭되어 있었다. 이들이 명령 불복종의 반란을 일으킨 것이 10월 19일 밤 10시에 시작된 여수-순천 반란사건이다.

무장한 반란군 3천 명은 21일 아침까지 여수와 순천, 광양까지 점령하고 좌익단체와 학생들을 동원하여 경찰관, 우익인사, 종교인, 그리고 그 가족들을 색출하여 처형하였다.

육군은 21일에 전남 광주에 호남지구 전투사령부를 설치하고 반란군 진압에 착수하였다. 반란군은 다수의 사상자에도 불구하고 완강히 저항하다가 지리산, 덕유산, 운장산 등으로 도주해 '입산공비(入山共匪)'가 되어 유격전을 벌이기 시작했다.

입산공비들은 북한에서 훈련받고 태백산맥과 소백산맥을 타고 남하한 게릴라들, 낙동강 전투에서 살아남았으나 후퇴하지 못한 북한군 낙오병들과 함께 이현상의 지휘 아래 '남부군'에 편성되었다.

이들은 보급로 차단, 철도파괴 등으로 유엔군과 국군의 작전 수행에 막대한 지장을 초래했다. 아울러 남한 후방기지의 국민들에게는 치안부재의 불안감과 사기 저하를 가져왔다.

게릴라들은 자신들이 장악한 여러 거점에서 주민들에게 면장, 군수, 우체국장 등 각종 공직의 임명장을 주고 6·25 전쟁이 북한군의 승리로 끝나 통일이 이루어질 때 정식으로 그 직위에 임명할 것을 약속했다. 이는 말할 것도 없이 주민들의 배신을 막으려는 조치였다.

이들은 그날이 빨리 오게 하려면 "북상하는 인민해방군으로 남하하는 북한 인민군을 마중하기 위해서 게릴라 활동을 더욱 활발히 해야 된다"고 서로 격려하였다.

1950년 6·25 전쟁 이전에 시작된 좌익의 게릴라전은 1951년 11월 중순 유엔군과 북한군이 휴전회담에서 휴전선을 어떻게 확정지을 것인지를 논의하는 동안에도 계속되고 있었다.

남한 정부는 1951년 12월 2일 백선엽 제1군단장의 지휘아래 지리산 북쪽에 제8사단을, 남쪽에 수도사단을 각각 투입하여 더욱 강력한 게릴라 토벌작전을 벌였다. 12월 말까지 게릴라 4천여 명이 사살되고, 4천여 명은 생포되었다. '공비토벌작전'은 이듬해 1월에도 이어져 김지회, 이현상, 이영회 등 지휘자들이 사살되었고 김달삼은 북으로 도주하였다.

그럼에도 게릴라들은 완전히 소멸되지 않아 1952년

2월과 3월에 국군의 '공비소탕작전'은 계속되었고 1만 6천여 명의 '공비'들이 사살되거나 생포되거나 투항하였다.

호남지역의 게릴라들은 4개월 이상 계속된 국군의 강력한 진압작전에 의해 더 이상 활동하기가 어려울 정도로 붕괴되어 지하로 잠적하게 된다.

가슴 아픈 4·3 사건의 후과

그러나 제주 4·3 사건을 시작으로 여러 해 동안 호남인들이 겪어야 했던 고통과 상처는 쉽게 치유되거나 잊혀 질 수 있는 게 아니었다. 진압군의 과잉 진압으로 억울하게 처형된 양민들의 유가족들로서는 정신적인 상처가 깊을 수밖에 없었다.

이런 상처는 좌익과 공산게릴라에 의해 억울한 죽임을 당하거나 고통 받은 우익과 양민들, 그리고 그 가족과 친족의 경우에도 마찬가지일 것이다.

더군다나 호남지역은 6·25 전쟁 때 북한군에 의해

한 달 이상 점령되었기 때문에 우익과 연관된 사람들이 당한 보복과 고통은 좌익 연루자들의 그것에 비해 결코 작지 않았다. 다만 수적으로는 좌익 연루자에 비하여 적을 것으로 추정된다.

안타깝게도 이념대립으로 서로 죽고 죽인, 그 '현실 지옥'을 체험한 국민들의 트라우마를 치유하고자 하는 국가적 노력은 별로 없었다. 이승만의 자유당 정권을 비롯하여 박정희의 제3공화국 정권 등 역대 보수정권에서는 사상문제로 인해 국민 내부에 깊은 골이 파인 것을 해소하려고 하지 않았다.

박정희 자신이 여수-순천 반란사건에 연루되어 있었고 누구보다도 해방 이후 좌익운동의 실상에 대하여 잘 알고 있었지만, 그는 사상문제로 부당하게 억울한 대접을 받는 사람들을 국민통합의 길로 유도하고자 하는 노력을 기울이지 않았다. 그 자신의 과거가 드러나는 것을 원치 않았기 때문일 것이다.

일단 사상문제가 얽힌 사건에 연루된 혐의가 인정되면 당사자는 물론이고 가까운 친족들에게도 연좌제가 적용되었고 공직을 맡거나 일반 취업 및 해외 진출에서 불이익을 당하였다. 이 때문에 피해자들은 정부에 사실규명을 청원하는 것조차 망설이게 되었다.

보수정권의 구태의연한 태도는 오래 지속되었다. 지역 갈등의 화합을 위한 노력이 전혀 없지는 않았으나 국민들의 마음을 사지 못하였다. 일례로 전두환은 5·18 광주민주항쟁 후 광주에서 저지른 살육이 마음에 걸렸던지 영남과 호남의 화합을 위한답시고 대구와 광주 간 고속도로를 졸속으로 만든 것이 고작일 정도였다.

1948년 제주 4·3사건을 시작으로 6·25 전쟁의 휴전협상이 있던 시기까지 국군이 좌익 게릴라들을 진압하던 4년 동안 전라남도에서의 좌익들의 무장활동은 결과적으로 비호남 사람들의 호남 사람들에 대한 경계와 차별의식을 더욱 키우는 한편, 호남인들 스스로는 강한 피해의식과 대정부 불신감을 갖게 된 결정적 계기가 되었다.

호남과 비호남, 호남과 영남 간의 갈등과 불신은 박정희의 제3공화국에서 강력히 추진한 경제발전의 성과와 그 혜택에서도 TK(대구와 경상도) 위주로 나타났고, 전두환 정권의 등장을 가져온 군대 사조직 '하나회'가 완전히 비호남 일색으로 꾸려졌던 것에서 알 수 있듯이 군대의 지휘부에서조차도 지역 분열이 반영되어 있었다.

누가, 무엇이 남남갈등을 조장하는가

국민통합을 저해해온 남남갈등은 그 정도를 완화하는 것에서 시작해 국민 모두 함께 노력해야 해결할 수 있다. 남남갈등 중에서도 뿌리 깊은 이념문제마저 중첩된 호남-비호남의 갈등은 하루속히 해소해야 할 국가 과제이다. 국민들이 남남갈등의 폐해에 대하여 우려하지 않는 것은 아니지만 그 갈등이 지속될 뿐 아니라 강도가 심화되고, 심지어 새로운 갈등이 조성되는 데에는 남남갈등으로 이득을 보는 존재가 있어서이다.

남남갈등으로 가장 큰 이득을 보는 개인은 북한 김정은일 것이고, 집단은 김정은을 '수령'으로 떠받들고 김일성 직계의 이른바 '백두혈통'이 아니면 '최고의 존엄'이 될 수 없는 왕조적 성격과 공산당 일당지배체제가 혼합된 북한식 독재체제를 호위하는 지배엘리트단

일 것이다.

　북한이 남남갈등을 유발하기 위하여 6·25전쟁 이후 70년대 말까지 활용한 기초적인 방법은 남로당의 잔류세력, 월북자의 친인척과 같이 과거의 관계를 이용하여 남한 내에 지지자와 조력자를 조직하거나, 동백림 사건과 같이 해외에 나가 있는 남한의 유학생과 교포를 포섭하는 것이었다.

　앞에서 지적한 것처럼 1980년 5·18 광주민주항쟁 이후 386세대 중에서 자생적 주사파가 대거 등장하면서 상황은 달라졌다. 1980년대 대학가의 대표적 주사파 지도자였던 김영환은 당시 주사파의 규모를 10만 명, 이들의 영향을 받은 사람은 50만 명 정도로 보고 있다.

　1980년대 초반 대학에 입학한 자생적 주사파는 전두환 정권에 반대하는 민주화 운동을 반미·친북운동으로 이끌어 갔다. 이들은 1985년 전후 대학을 졸업하기 시작해 사회로 진출하면서 교육계, 언론계, 법조계, 노동계, 지방자치단체, 정당, 사회단체 등 사회 전반에 걸쳐 그들의 반미·친북의 이념을 확산시켜 나갔다.

이들은 1987년에 전두환 대통령에게 '대통령 직선제'를 골자로 한 개헌안을 받아들이라고 요구한 전국적인 봉기인 6월 항쟁에 적극 참여하여 전두환을 굴복시키는데 적지 않은 역할을 하였다.

그러나 이들의 민주화 운동은 4·19혁명의 세대와는 상황인식과 민주화운동의 목표에서 큰 차이를 보였다. 4·19혁명은 이승만과 자유당 정권이 헌법에 명시된 자유민주주의 이념과 체제에서 벗어나 독재체제로 나아가려던 것에 저항한 것이었다.

4·19 민주혁명은 헌법에 명시된 대로 자유민주주의를 하자고 주장했던 점에서 자유민주주의헌법을 수호하려는 운동으로도 볼 수 있다. 그 혁명의 목표는 대한민국에서 자유민주주의 이념과 체제를 확고히 정착시키려는 것이었다고 해도 과언이 아니다. 4·19 민주혁명의 주도 세력에게는 자유민주주의 이념과 체제에 반대하는 북한이 자유민주주의를 토대로 통일을 이룩하는데 있어서 적대적인 대상이지 우군은 아닌 것이다.

자생적 주사파의 민주화운동은 이와는 완전히 달랐

다. 이들은 남한 내의 모든 정치적, 경제적, 사회적 불평등의 원인은 미국의 지배에 종속되어 있기 때문이라는 북한의 주장을 그대로 받아들였다. 보수 세력이 장악해온 남한 정부는 미국의 하수인에 불과하고, 따라서 정권을 미국에의 종속에 반대하는 진보세력으로 바꾸는 것이 민주화이며 미국의 지배로부터 완전히 벗어나는 것이 목표로 된다. 이러한 논리의 연장선에서 미국의 간섭에 대항해온 북한은 남한의 진보주의 세력에게 우군이 될 수 있다는 것이었다.

1980년대에 남한의 대학들에서 대거 양산된 자생적 주사파들은 노동계, 교육계, 법조계, 시민단체 등 사회의 각 부문에 진출했고, 정치부문에서 상당한 파장이 일어나기 시작했다.

그 가운데 가장 큰 변화는 민주당을 비롯한 야당의 급진적인 좌경화였다. 남한 정치는 좌우익 간의 이념적 대결의 장으로 점차 변모했고 날이 갈수록 그 갈등의 정도는 깊어지고 있다.

좌-우 대결의 장이 되어버린 정치

남한의 정치가 좌익과 우익 간의 대결의 장으로 변하는 과정에서 제일 처음 나타난 현상은 좌익들 스스로 자신들이 '좌익'임을 인정하거나 자신들에게 우익들이 '좌익' 또는 심지어 '빨갱이'라 불러도 개의치 않는다는 점이다. 이를테면 "그래, 나는 좌익이다. 빨갱이라면 어떻게 할 건데? 너는 우익이어서 무엇이 그리 대단하고 잘 났냐?"와 같은 인식이다.

해방 이후 남한에서 이른바 '빨갱이'로 불린 '좌익'들이 억울하게 당하고 비극적으로 겪은 일이 하도 많아 자신은 물론이려니와 다른 사람을 좌익으로 부르거나 규정하는 것은 심각한 금기사항이었다. 유럽에서처럼 서슴지 않게 '좌익'으로 불리거나 인정한다는 것은 한국 현대사를 돌아볼 때 대단한 변화라고 하겠다.

이런 변화가 어느 날 갑자기 생긴 것은 아니다. 그동안 좌익들이 겪은 고통에 대해 우익들은 나름대로 죄의식을 갖고 있었고 이를 좌익들도 아는 마당에 우익이 좌익에 대하여 함부로 어려움을 주기는 어려울 것이다. 좌익에 대하여 탄압하지는 못 할 것이라는 믿음이 사회 전반에 자리 잡은 것은 역사의 진전 과정에서 일어난 변화 중에 가장 큰 변화라고 할 수 있다.

더욱 결정적인 원인은 우익들이 국회의원에 선출되거나 대통령에 선출되어 권력을 잡으려면 우익들끼리 격심한 경쟁을 해야 한다는 것에서 비롯된다. 거듭된 선거과정에서 확인된 사실은 좌우익을 가릴 것 없이 유권자들의 표를 많이 끌어와야 한다는 것이었다.

이것은 얼마나 많은 좌익 또는 중도층 유권자들로부터 지지를 받느냐에 따라 국회의원과 대통령의 당락이 결정된다는 것을 의미한다. 남한 정치에 있어서 좌익의 존재는 더 이상 탄압의 대상이 아니라 잘 모셔야 할 유권자라는 것, 나아가 좌익들이 야당의 핵심세력이 되었다는 것을 말해준다.

여기서 하나의 역설을 마주하게 된다. 자유민주주의를 지향한 1960년의 4·19 혁명을 시발점으로 하는 민주화운동이 점점 다른 차원으로 진전되면서 새 역사가 펼쳐지게 되었다. 해방 이후 자유민주주의체제에 반대해온 한국의 좌익이 우익과의 공개적인 정책 경쟁, 비폭력적인 선거와 투표 등의 문명적인 방법에 의해서

잘만하면 국가권력도 장악할 수 있게 된 것이다.

이러한 변화는 자생적 주사파를 위시한 사회주의 성향의 시민단체들이나 노동조합들이 왜 그처럼 민주화 운동에 적극적이었는지를 설명해 준다.

민주당이 북한 인권을 외면하는 이유

민주당이 날이 갈수록 사회주의적 좌익정당으로 변해간 데에는 서울대학교 사회학과를 졸업한 뒤 민주당에 입당하고 민주당의 후신인 열린우리당의 대표를 지낸 이해찬이라는 당 이론가의 역할도 생각해봐야 할 것 같다.

그는 서울대학교에서의 한 강연에서 후배들에게 "우익은 보수고 좌익은 진보인데, 진보가 보수보다 개혁적이기 때문에 좌익이 우익보다 좋은 것이다."라는 놀라운 발언을 한 것으로 알려져 있다.

그의 논리 전개에서 '좌익은 진보이고 우익은 보수'라는 전제는 사실 틀린 것이다. 즉 '좌익'이라고 전부가 진보는 아니듯이 '우익' 중에 개혁주의자가 없는 것도 아니기 때문이다.

중국의 사례는 이를 극명하게 말해 준다. 중국 농촌을 공산주의 경제조직과 행정조직을 갖춘 인민공사들로 철저히 개편하고 1967년부터 10년 동안 2백만 명의 인명을 희생해가면서 문화대혁명을 실행한 마오쩌둥, 그리고 경제정책에 시장경제 요소를 끌어 들이기 위해 1979년에 과감히 개방정책을 채택한 덩샤오핑이라는 지도자가 있었다.

마오는 좌익 중에서도 극좌였고 덩은 당시 중국 공산당 내에서 극우 중의 극우였지만, 마오는 중국 경제가 계속해서 어려움에도 불구하고 계획경제 체제를 지키려는 보수주의자였고 덩은 '자본주의체제의 앞잡이'라는 모략을 당하면서도 시장경제의 원리로 중국을 빈곤에서 구해내려는 개혁주의자였다.

오늘날 중국을 제2의 세계경제대국으로 만든 진보주의자는 우익의 덩샤오핑이지 극좌 인물인 마오쩌둥이 아닌 것이다. 같은 이치를 북한에도 적용할 수 있다.

북한에서 식량문제를 해결하지 못해 1990년대 후반에만 3백만 명 이상의 아사자가 생기고 굶주림 끝에 수십 만 명이 목숨 걸고 북한에서 도망쳐 나왔고 그 중 약 3만 4천명이 남한으로 왔음에도 불구하고, 북한의 경제 형편이 가까운 장래에 개선될 전망이 전혀 보이지 않는 이유는 간단하다.

전근대적인 왕조시대에서나 따지던 혈통(이른바 '백두혈통')을 지도자의 필수요건으로 아직도 중시하는 극단적인 보수주의가 북한을 지배하고 있다. 이 때문에 덩샤오핑과 같은 개혁·개방정책을 이끌어갈 우익적인 개혁주의자가 출현할 수 없다.

민주당이 진정한 의미에서 좌익정당 또는 사회주의 정당으로서 영국의 '보수당 대 노동당'의 구도로 공식화하기를 원한다면 그렇게 인지될 수 있는 가치관이나 정책을 국민들에게 제시해야 한다. 한국의 더불어민주당은 유럽의 사회주의 정당들과 달리 북한의 인권상황을 외면하고 있는 유일한 정당이라 해도 과언이 아니다.

군사독재가 불가능한 한국의 민주화

1987년 6월 항쟁의 결과, 하나회 출신으로 12·12 정변에 참여했던 노태우가 개정 헌법에 따라 국민들의 직접투표에 의해 임기 5년의 제13대 대통령에 당선되었다.

5년 뒤에는 민간인 출신으로 민주화 투쟁을 해온 김영삼이 제14대 대통령 선거에서 당선되었다. 이로써 33년 만에 진짜 문민정부가 세워졌다. 김영삼은 대통령 취임 후에 전두환과 노태우를 포승줄에 묶어 법정에 세우는가 하면 하나회를 해산시킴으로써 국민들로 하여금 민주화를 제대로 실감나게 하였다.

문민정부의 출범 이후 "군은 힘으로 정권을 뒤엎는 쿠데타를 시도할 수 있을지라도 국민의 동의 없이는 정권을 유지할 수 없기 때문에 남한에서 군사쿠데타는 영구히 자취를 감출 수밖에 없을 것이다."라든가 "앞으로 군사정권이 다시는 등장하지 않을 것이다. 군이 쿠데타의 방법을 모르거나 무기나 병력이 충분치 않아서가 아니라 쿠데타 이후 반드시 등장할 민주화운동 때문에 군이 쿠데타를 아예 시도하려 하지 않을 것이다."

와 같은 말이 한참 떠돌아다녔다.

'군사쿠데타 필무(必無)론'에까지 이른 '군사쿠데타 필패(必敗)론'이 국민들의 민주주의 의식을 한층 고양시키던 와중에 남한 정치에 변화를 야기한 두 가지 움직임이 등장하였다.

4·19 직후 학생들이 민족통일을 절실히 외치면서 통일을 추진하는 첫 걸음으로 남북학생회담을 제의한 바 있듯이 남북관계의 변화를 추구하는 새로운 움직임이 나타났다. 김영삼에 이어 대통령에 당선될 것이 확실시되던 민주당의 유력후보 김대중이 '햇볕정책'을 제기한 것이 그 하나였다.

1987년 6월 항쟁의 승리로 4·19 혁명 직후처럼 자유민주주의 체제의 희망이 보이기 시작하자 대학 운동권을 중심으로 형성됐던 자생적 주사파 세력 내부에 변화가 일어나기 시작한 것이 다른 하나였다.

그 발화점은 386세대의 주사파를 이끌던 김영환의 자기성찰에서 비롯되었다. 1980년대의 대학 운동권의 지침서였던 "강철서신"의 작성자로서 남파 간첩과 접선하여 관악산에서 북한 노동당에 입당한 김영환은 1991년 5월 17일 밤 자정이 막 지난 시각에 강화도에서 반잠수정의 간첩선을 타고 해주로 입북하여 열흘 정도 북한에 체류하였다. 그는 이틀에 걸쳐 도합 여섯 시간 가량 김일성과 만나 대화할 수 있었다.

(김영환 회고록)

김영환이 평양으로 올라간 가장 큰 목적은 주체사상에 대하여 더 자세히 알아보기 위함이었다. 그러나 북한에 도착해서 김일성을 만나자 마자 그의 목적은 발상부터 잘못된 것이라는 사실이 곧 확인된다. '주체사상의 창시자'로 선전되어온 김일성을 만나보니 정작 그 자신은 주체사상이 무엇인지 모르고 있었고, 북한은 지구상에서 주체사상을 연구하기에 가장 부적합한 나라임을 알게 되었던 것이다.

그의 관찰에 의하면, 김일성의 공산주의적 관념은 그와 가까웠던 루마니아를 비롯하여 유고슬라비아, 불가리아 등 동유럽 국가들의 공산당이 모두 몰락했음에도 불구하고 1950년대 공산주의에 대한 스탈린의 생각에서 조금도 진보하지 않았다고 한다.

김영환의 1년 후배로 학생운동을 같이하였고 간첩선을 타고 평양에도 동행하였던 조유식은 "(나의) 북한에 대한 환상은 해주에 도착하여 북한 땅에 첫 발을 내딛는 순간부터 빠져 나갔습니다."라고 말한 바 있다. 그의 눈에 들어온 북한 농가들은 너무나 초라하고 피폐해 보였던 것이다.

각 대학의 386세대를 중심으로 자생적으로 출현한 주체사상 지지자들과 이들의 영향을 받아 북한의 주장에 동조하는 종북세력의 급속한 증가는 국제적 사건들과 북한 체제의 한계로 인해 제동이 걸린다.

국제적 사건들에는 사회주의 체제의 종주국이던 소련이 계획경제 방식으로 경제문제를 해결하지 못하여 1991년에 연방 자체가 해체된 것, 중국은 1979년에 개혁·개방정책을 채택하여 사회주의 경제정책을 실질적으로 포기한 것 등이 포함된다.

북한체제의 한계에 관한 사건에는 1990년대 후반 최소 3백만 명의 아사자 발생, 북한 전역에 걸친 극심한 식량난으로 인하여 중국이나 다른 제3국을 거쳐서 남한으로 오기 위하여 목숨 걸고 탈출한 탈북자들과 천신만고(千辛萬苦) 끝에 남한 입국에 성공한 상당수의 북한 이주민들, 그리고 김일성과 김정일의 작품으로 왜곡되어 남한의 주사파들도 대부분 그렇게 믿어왔던 주체사상의 실제 창안자인 황장엽의 남한 망명 등이 포함된다.

이 가운데 황장엽을 비롯하여 한때 3만 4천 명이 넘은 탈북자들의 남한 입국은 우리 국민들로 하여금 북한의 실상을 구체적으로 알도록 하는 계기였다.

국내 주사파들은 '요덕수용소'나 다른 교화소의 사례에서처럼 남한 정부나 우익단체들의 의도대로 왜곡되었을 것으로 추정한 사안에 대하여 역질문이나 재확인의 기회를 가짐으로써 자신들의 북한에 대한 생각과 믿음이 주관적이고 감성적이었음을 인정하게 되었다.

김영환 석방대책위원회

김영환과 관련하여 나에게 잊지 못할 사건이 있었는데 김영환 석방대책위원회에서의 활동이 그것이다. 2012년 3월 북한인권운동을 하던 김영환과 그의 동료 3명이 중국 랴오닝성에서 중국 공안에 체포되었다. 그는 '국가안전'을 위해한 혐의로 중국 국가안전청에 구금되었으며, 중국 공안은 대한민국 총영사관 영사와의 면담을 단 한차례 허용한 뒤 변호인, 영사 접견을 허락하지 않았고 체포 이유와 경위 등에 대해 함구하고 있었다.

이 사건을 접한 나는 '그냥 넘어갈 일이 아니다. 이대로 두면 김영환이 죽을 수도 있다!'는 생각에 빠졌다. 북한으로서는 그가 배신자였기 때문이다. 《강철서신》

의 저자로서 자생적 주사파 형성에 크게 기여한 김영환은 그 공로를 인정받아 김일성을 두 번이나 만났다. 그는 1990년대 중반에 전향하여 북한인권운동가로 활동하며 국내 주사파 조직을 뿌리 채 뽑아냈다. 그런 그가 중국 공안에 체포되었으니 생명이 위태로운 지경이었다.

우리는 '북한인권운동가 김영환 석방대책위원회'를 만들었고 나를 비롯한 대책위 관계자들이 황우여 새누리당 대표와 만났다. 우리는 60여일 넘게 중국 공안당국에 구금돼 있던 김영환의 조속한 석방을 위해 정치권이 적극 나서줄 것을 요청했다. 국회 차원의 석방 촉구 결의안 채택과 대표단의 중국 파견, 후진타오(胡錦濤) 중국 국가주석에게 김영환의 석방을 촉구하는 서한을 발송할 것 등을 황 대표에게 요청했다. 그는 "적극 검토하겠다"고 했다.

우리의 요청이 받아들여진 것인지는 확인하지 못했으나 그 뒤 멍젠주 중국 공안부장이 한국을 방문하는 등 한-중 외교채널이 움직이기 시작했고, 김영환은 구금 114일 만에 자유의 몸으로 귀국했다. 우리는 사선을 넘어온 김영환을 만나 포옹하며 기쁨을 나누었다.

(김영환 석방 환영식에서 석방대책위 관계자들과 함께)

chapter 8

최초의 여성 대통령, 촛불 시위로 물러나다

최초의 여성 대통령, 촛불 시위로 물러나다
- 살라(Sala) 행정의 종말

2012년 12월 19일 대한민국 제18대 대통령 선거가 치러졌다. 이 선거에서 민주통합당의 문재인 후보와 새누리당의 박근혜 후보가 격돌했다. 그 결과 51.55%를 득표한 박 후보가 민주화 이래 최초로 과반 득표에 성공하며 문 후보와 득표율 3.53%p, 1,080,496표 차이로 대통령에 당선되었다.

대한민국 헌정사상 최초의 여성 대통령이 탄생한 순간이었다. 박근혜 대통령은 최초의 여성 대통령이란 타이틀 외에 여러 측면에서 헌정사상 '최초'의 명예를 갖게 되었다. 그는 87년 대통령 직선제 개헌 이후 최초로 과반을 득표한 대통령, 최초의 부녀 대통령, 최초의 미혼 대통령, 대한민국정부 수립(1948년 8월 15일) 이후 태어난 첫 대통령, 최초의 이공계학과 출신 대통령이었다.

하지만 제18대 대통령선거는 처음부터 박근혜 후보에겐 불리한 선거였다. 이명박 대통령이 4대강 정비사업, 자원 외교의 비리 등으로 인기가 떨어지면서 서울, 인천, 경기도 등 수도권에서 박근혜 후보의 대항마이던 민주당의 문재인 후보가 앞서 나가는 형국이었다. 박 후보의 당선은 사실상 기대하기가 어려운 상태였다.

하늘이 박근혜를 도우려고 했던 것일까? 선거 1년 전인 2011년 12월 17일, 놀라운 소식이 전해졌다. 북한의 김정일이 갑자기 사망하는 사건이 벌어진 것이다.

김정일의 사망

김정일의 사망은 전혀 예상치 못한 사건이었다. 북한 당국의 발표에 의하면, 김정일은 2011년 12월 17일 08시 30분 전용열차를 타고 이동하던 중 사망했다. 공식 사망원인은 '과로로 인한 중증급성 심근경색과 심장쇼크'였다. 김정일이 불철주야 인민의 삶을 돌보다가 과로를 못 이겨 사망하고 말았다는 것이 북한의 주장이다.

북한이 발표한 사망 날짜, 사망 장소는 거짓일 가능성이 높아보였다. 국회 정보위원회에 출석한 원세훈 국가정보원장은 "김정일 전용열차는 평양 룡성역에 지난 12월 15일부터 계속 멈춰있었다"고 발언하기도 했다.

　사망 날짜의 의문도 제기되었다. 2014년 12월 산케이 신문에 따르면, 일본 류코쿠(龍谷)대학 사회학부 이상철 교수는 탈북 전직 관료들의 증언을 종합하여 김정일이 실제로는 2011년 12월 16일 평양 근교의 별장에서 사망했을 가능성이 높다고 했다.

　그의 주장에 따르면 김정일은 12월 16일 저녁 지방 시찰을 취소한 뒤 평양 시내에 있는 장녀 설송의 집을 방문하여 함께 술을 마신 뒤 오후 8시경 졸도했으며, 졸도 직전에 후계자인 김정은에게서 온 것으로 보이는 전화를 받은 뒤 격앙했다고 한다. 김정일은 졸도 후 응급처치를 받고 평양 교외 별장 '32호 초대소'로 이송됐으나 의식을 회복하지 못한 채 오후 11시에 사망했다고 한다.

　김정일의 실제 사인은 과로와 스트레스가 유발한 심

장 쇼크에 의한 심근경색이며, 전날의 피로, 평소 복용하던 약을 먹지 않은 채 음주한 것 등이 사인과 관련 있을 것으로 이 교수는 추정했다. 이렇듯 여러 의문과 의혹이 제기되었지만, 김정일의 사망 자체는 확실한 팩트였다.

김정일의 사망 소식이 전해졌을 때 나는 '아직 대한민국의 국운이 살아 있다'는 생각이 들었다. 김정일로서는 북한에 대해 덜 적대적인 사람이 대한민국의 대통령으로 선출되기를 바라고 있었을 것이기 때문이다.

김정일 정권은 남한에서 북한에 온정적인 정권이 수립되어 북한에 대한 미국의 적대적 태도를 가급적 완화시키는데 도움이 되기를 원하고 있었을 게 틀림없다.

역사를 돌아보면 북한은 남한 선거와 정치에 개입하거나 영향을 줄 방법을 줄곧 모색해 왔다. 그들은 남한의 친북 성향의 정치인들을 이용하고자 하였다. 김정일의 급작스러운 사망으로 은밀한 선거개입 전략에 돌발변수가 생기고 말았다고 할 수 있다.

김정일의 사망은 박근혜 후보로서는 호재였다. 2012년 대통령선거를 앞두고 북한의 대남공작이 매우 바쁘게 돌아갈 시점이었는데 김정일의 사망은 북한이 다른 생각을 할 겨를이 없도록 만든 면이 있었다.

김정일의 사망과 관련해서 북한 TV에 등장한 단편적인 장면이 떠오른다. TV에 비춰진 김정은의 표정은 완전히 부모 잃은 어린자식처럼 뭘 어떻게 해야 할지를 모르는 망연자실해 하는 모습이었다.

북한으로서는 2012년에 김정은을 중심으로 내부적 정치안정을 취하는데 급급해야 할 상황이었다. 남한 대통령선거에 개입할 여지는 상당히 축소되었다. 박근혜로서는 굉장한 호재가 아닐 수 없었다. 나는 이를 지켜보면서 "역시 대한민국은 국운이 있다"고 느꼈다.

천안함 사건과 대선

북한이 대한민국의 선거와 정치에 개입하거나 영향을 주는 방법의 하나는 남한에 화해의 몸짓을 보이는 것이다.

한국 정치를 돌아보면 북한이 정상회담을 제안하면 한국의 대통령들이 십중팔구 호응하였음을 알 수 있다. 한국 대통령이 북한과의 정상회담을 좋아하는 것은 남북정상회담이라는 역사적 사건에 자기 이름을 남겨 '역사적인 대통령'이 되기를 원하기 때문이다. 이 동기가 작용하여 한국 대통령이 북한에 유화적인 입장을 취하는 경우가 많았다. 김대중의 이른바 '햇볕정책'이 그 대표적인 사례에 속한다.

북한은 이를 잘 활용해왔다. 북한이 만일 2012년 대선에 전략적인 개입을 하려 했다면 남북정상회담 같은 남한 사람들이 솔깃해 할 조건을 제시할 수 있었을 것이다.

북한이 한국 정치에 개입하는 또 다른 방법은 군사적 긴장을 고조시키는 것이다. 북한은 공포 분위기를 조성하여 협박의 효과를 추구하는 것에 능하다. 천안함 피격사건은 군사적 긴장고조를 높여 공포 분위기를 조성하는 전형적인 전략이었다.

대선을 2년여 앞둔 2010년에 북한으로서는 무슨 수를 써서라도 박근혜가 2012년 대선에서 당선되지 못하도록 막고 싶었다. 그 조급함에서 빚어진 군사적 긴장고조의 전략적 선택이 천안함 피격 사건이었던 것이다.

2010년 3월 26일, 백령도 근처 해상에서 대한민국 해군의 초계함인 PCC 772 천안함이 북한 잠수함에 의해서 피격 당하였다. 사건 발생 직후 출동한 경찰 소속 해안경비정에 의해 천안함에 탑승한 승조원 104명 중 58명이 구조되고 46명은 실종되었다. 나중에 실종자 가운데 40명이 사망자로 확인되고 6명은 실종자로 남아 있다.

한국 정부는 사건 발생 직후 합동조사단을 구성해 원인 규명에 나섰고, 2010년 5월 20일 "천안함이 북한의 어뢰 공격으로 침몰했다"고 공식 발표했다.

합동조사단의 조사 결과에 대해 '특대형 모략극'이라고 발뺌하던 북한은 나중에 유엔 안전보장이사회의 성명을 사실상 수용하는 모습을 보이기도 했다.

그런데 침몰 원인을 둘러싸고 한국 안에서는 각기 다른 해석으로 남남갈등을 빚었다. 어뢰설, 내부폭발설, 피로파괴설, 좌초설 등 다양한 주장이 터져 나왔다. 조사가 진행되고 최종 결론은 북한의 어뢰공격으로 좁혀졌지만, 이미 갈라진 여론은 수습하기가 어렵게 흘러갔다. 북한으로서는 남남 분열과 대북 공포감의 형성이라는 의도가 먹혀들 것 같았지만 김정일의 급작스러운 사망은 정책을 뒤죽박죽으로 만들었다.

〈인양되는 천안함〉

미국과 중국에 대한 근거리 외교

우여곡절 끝에 대통령에 취임한 박근혜가 먼저 한 일은 미국 방문이었다. 한국의 대통령은 취임하는 날로부터 가급적 빠른 시일 안에 미국을 방문해 정상회담을 갖는 관례가 있어왔다. 박근혜가 그렇게 일찍 방미에 나선 것이 특이한 사건은 아니다.

특징이 있었다면 한미 정상회담 직후 상, 하 양원 합동회의에서 연설한 일이다. 미국은 자유민주주의 진영을 선도하는 민주주의 국가로서의 위상을 갖고 있어도 아직까지 여성 대통령을 배출하지는 못했다.

한국 국민들은 최초의 여성 대통령을 뽑았고, 자그마한 체구의 동양 여자가 한국의 대통령 자격으로 미국 상, 하 양원 합동회의에서 연설했다는 사실에 나는 자긍심을 느꼈다.

연설 내용도 아주 좋았다. 박 대통령의 연설을 들으며 나는 한국의 국가 수준이 올라간 것 같은 느낌에 크게 고무되었다. 그 자부심에 가슴이 벅차올랐음을 숨길 수 없다. 이 정도면 대통령의 직무를 잘해낼 수 있겠다는 생각이 절로 들었다. [23]

---

23 부록 〈박근혜 대통령 미국의회 연설 전문〉 참조.

박 대통령의 외교 행보는 미국방문으로 끝나지 않았다. 그는 당선된 지 6개월 만인 2013년 6월 베이징을 방문하여 시진핑 중국 국가주석과 정상회담을 가졌다.

박 대통령은 2015년 9월 중국인민해방군 70주년 전승일을 기념하는 열병식에 참석하였다. 행사에는 서방 국가들 중 대한민국, 체코, 폴란드 세 나라의 정상들만이 참여하였다. 중국은 인민해방군 12,000여 명과 최신무기를 대규모로 동원하여 열병식을 진행했다. 전승 70주년을 맞아 벌인 최대 규모의 행사였다. 한국 대통령이 시진핑을 비롯한 중국공산당 간부들과 나란히 서서 중국 인민해방군의 사열을 받았던 것이다.

행사가 시작되자 박 대통령은 시 주석과 나란히 톈안먼 성루에 올랐다. 박 대통령의 자리는 시 주석의 오른편 두 번째로, 푸틴 러시아 대통령 다음이었다. 반기문 유엔 사무총장은 오른쪽 5번째, 북한 대표로 참석한 최룡해 노동당 비서는 오른쪽 끝 부분에 자리했다.

중국 측의 한국 국가원수에 대한 각별한 의전과 예우가 확인된 대목이었다. 단체 사진촬영 때에도 시진핑 주석 내외와 함께 서고, 기념대회에서도 시 주석과 푸틴 대통령과 나란히 자리에 앉으면서 박 대통령은 상당한 예우를 받은 것으로 보였다.

(중국 인민해방군의 사열을 받는 박근혜 대통령)

중국방문에 관한 찬반양론

국내에서는 박 대통령이 과연 중국의 전승절에 참석하는 것이 옳았는가를 둘러싸고 논쟁이 있었다. 여론은 둘로 갈라졌고 전형적인 남남갈등 양상을 빚었다.

한쪽에서는 중국과의 관계 개선이 나쁠 이유가 없다고 주장하였고, 반대 측에서는 한미동맹을 맺고 있는 한국의 국가원수가 미국의 가상 적(敵)인 중국의 전승절에 참석하는 게 맞느냐며 의문을 제기하였다. 더군다나 한국인들은 6·25 때 중공군에 당한 것 때문에 마음 한쪽에 중국 인민해방군에 대한 강한 트라우마가 있었다.

그러나 나는 박근혜 대통령이 일부 국내 우익들의 비판에도 불구하고 중국 인민해방군의 열병식에 참석한 것은 높이 평가받을 일이라고 생각했다.

박 대통령이 당선 이후 미국과 중국의 어느 한쪽에 치우치지 않고 국익을 중시하는 행동을 한 부분에 대해 나는 바람직한 행동이라고 평가하고 있었다.

미국은 우리의 군사동맹국이자 최대 경제교역국으로서 매우 중요한 나라이기 때문에 미국을 첫 번째로 방문한 것은 당연한 일이었다. 중국이 보더라도 이것은 충분히 양해되는 일이었다.

핵심은 그 뒤 중국까지 찾아갔다는 사실이다. 이것은 중국으로 하여금 한미동맹에 대한 지나친 우려를 어느 정도 해소하는 작용을 하였다. 나는 이러한 관점에서 박근혜 대통령에 대해 좋은 평가를 내리지 않을 수 없었다. 나는 박근혜의 국제 감각이 탁월하다고 여겼다.

동북아 균형자론의 문제

노무현 정부 시기인 2005년에 동북아균형자론(東北亞均衡者論, Korea as a Balancer in Northeast Asia)이 등장한 적이 있었다. 이는 대한민국이 동북아시아에서 균형추 역할을 해야 한다는 담론이다. 한국이 대륙세력과 해양세력의 중간 교량 역할을 하고 균형을 잡아가는 균형자가 되겠다는 정책 의지였다.[24]

내가 볼 때 한국은 이 노선으로 상당한 손해를 보았

---

24 당시 정부는 대한민국 스스로의 선택이 대한민국의 운명을 바꾸는 데 아무런 역할을 할 수 없었던, 부끄러운 역사에 대한 반성의 인식 위에서 동북아 균형자론이 탄생한 것이라고 밝혔다. 국가안전보장회의는 "무력이나 힘의 사용에 의존하지 아니하고, 동북아 역내에서 중견국가의 위상에 맞는 역할을 하고자 하는 것이다. 우리의 국익을 위해, 변화하는 국제사회에서 존경받는 협력국가가 되기 위해, 과거 우리가 종속적 변수였던 상황에서 벗어나 적극적으로 우리의 역할을 찾아 나가자는 것이다"라고 설명한 바 있다.

다. 우선 대미관계에서부터 문제가 되었다. 균형자 역할을 하겠다는 얘기는 미국과의 동맹관계를 돈독히 해서는 안 된다는 뜻으로 비춰졌다.

결국 미국에 밉보였고 중국한테도 다가서지 못했다. 균형자의 역할을 하려면 힘이 있어야 하는데 우리는 힘이 없었기 때문이다. 그때까지는 한일관계가 나빠질 때마다 미국이 중재에 나서 일본으로 하여금 대개 양보하도록 시켰다.

미국은 "너희가 경제적으로나 뭐로 보나 위에 있고 과거에 한국을 지배했던 그런 역사도 있으니 웬만하면 너희들이 참아라"라며 일본을 눌러놓았다. 미국은 독도 문제 등에서 대체로 우리 편을 들어줬다. 균형자론 이후에는 미국이 "네가 무슨 균형자 역할을 해?"라며 우리 편을 들지 않았다.

한국이 균형자 역할을 하겠다고 한 뒤에는 일본이 독도 문제를 걸고 나왔고, 그것 때문에 한일관계가 굉장히 나빠지는데도 미국은 우리 편을 전혀 들지 않았다.

현 시점에서 중요하게 생각하는 것은 중국은 미중관

계가 점점 껄끄러워지는 마당에 한중관계가 좋아야 미국과의 관계를 풀어나가는데 도움이 될 여지가 있을 것이라고 판단한다는 점이다.[25]

박근혜 탄핵의 이유

그러나 잘 나가던 박근혜 정부를 무력화시킨 것은 촛불시위였다. 박 대통령을 탄핵에 이르게 한 촛불시위에는 이를 자극한 몇 가지 요소가 있었다.

첫째로, 박근혜의 7시간이었다. 대통령이 세월호 사건 때 7시간 동안 어디에서 무엇을 하고 있었는가를 둘러싸고 엄청난 정치선동이 발생했다. 7시간의 부재는 박근혜가 대통령으로서 적절한 대책 마련과 대응을 하지 못했다고 비판 받는 초점으로 부상했다.

이 문제에 대한 정부의 대응은 너무나 어처구니 없었

---

[25] 중국은 2001년 11월 WTO에 가입, 143번째 정식 회원국이 됐다. 중국은 WTO 가입을 통해 막대한 해외 투자를 유치할 수 있었고 빠른 경제성장을 이뤄 세계 2위의 경제대국으로 성장했다.

다. 이러한 좌익 측의 선동에 정부는 제대로 대응하지 못하였고 7시간의 행방에 대한 갖가지 추측이 난무하기 시작하였다. 일간 신문들조차 경쟁적으로 최태민, 최순실과 관련된 이야기 등 자극적인 스토리를 지면에 싣는데 열중하였다.

 이 이야기는 흥미로운 요소를 두루 갖추고 있었다. 무엇보다 자극적인 소재는 최순실의 아버지 최태민과 박근혜의 관계에 대한 것이었다. 국민들에게 상상력을 자극하는 내용이었다. 최태민은 목사를 자처하는 종교인이다. 박근혜의 모친 육영수 여사가 죽은 뒤 최태민은 박근혜에게 '위로의 편지'를 썼고 이것이 인연이 되어 청와대에 드나들게 되었다. 최태민은 장학재단과 사회사업 등을 벌이며 박근혜와 가까워졌다고 한다.

 박정희 대통령은 처음에 딸에 대한 가엾은 마음에 이를 내버려 두었다. 최태민에 관한 이상한 정보가 점점 많이 들어오자 박 대통령은 이를 조사하도록 직접 지시하기도 했다. 박 대통령은 한때 최태민을 죽이겠다고 협박하기도 했지만 최태민과 박근혜의 관계를 끊어내지는 못하였다. 최태민은 청와대를 계속 드나들게 되었고 결국 그의 딸인 최순실과 박근혜의 연결이 이뤄진 것이다.

최태민이 라스푸틴에 비유되면서 그와 박근혜의 소문은 증폭되었다. 라스푸틴[26]은 러시아 로마노프 왕조의 마지막에 개입해 나라를 망국으로 이끌었던 요승이다. 심지어 미국 뉴욕타임스도 최태민과 최순실의 국정 개입을 라스푸틴에 연관시켜 비교하는 기사를 보도하기도 했다. 당시의 형국이 얼마나 극적인 흥미 위주로 흘렀는지를 단적으로 보여준다.

갖가지 드라마적 요소가 결합하면서 국내 언론의 취재 열기는 점점 뜨거워졌다. 일간지, 주간지, 종편TV 등 너나 할 거 없이 경쟁적 보도를 일삼았다.

이는 마치 이명박 대통령이 근거도 없는 '광우병 사

---

26 라스푸틴(Rasputin, 1869년~1916년)은 제정 러시아 말기의 파계 수도자 혹은 예언자다. 혈우병에 걸린 황태자를 치료한 것이 계기가 되어 황제의 신임을 얻자, 왕실의 배후에서 국정 농단을 일삼다 암살되었다. 라스푸틴의 암살 과정도 매우 극적이다. 정적들이 라스푸틴을 총으로 쏴서 모스크바 강에 빠뜨렸는데 그 속에서 살아나오기까지 했다. 한마디로 극적인 스토리다.

건' 때문에 큰 곤욕을 치렀던 것과 맥락이 비슷하다. 좌익들에게 밉보였기 때문에 사건이 불거지고 곤욕을 치렀던 것이다. 그와 비슷한 상황이 재연되었다고 할 수 있다.

박근혜 탄핵의 최대 수혜자는 문재인이었다. 2017년 3월 10일 대통령선거에 나섰던 문재인 후보는 박 대통령에 대한 탄핵 직후 팽목항을 방문하여 방명록에 "미안하다, 고맙다"는 문구를 남겼는데 고맙다는 문구가 큰 논란이 되기도 했다.

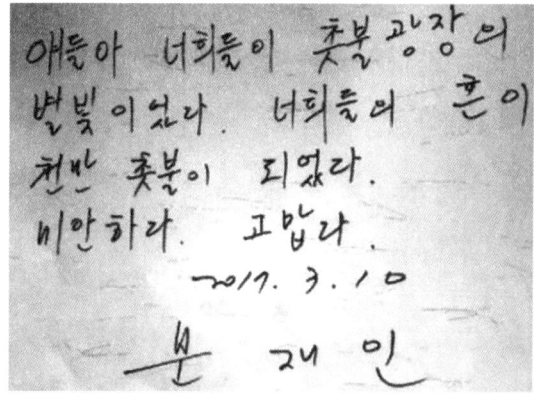

(문재인 대통령이 남긴 방명록)

박근혜 정부, 살라 행정으로 무너지다

박근혜 정부의 몰락 원인을 어디에서 찾을 수 있을까? 나는 살라 행정에 그 원인이 있다고 생각한다. 살라 행정이 무엇인지부터 알아보자.

1950년대에 미국은 미·소 냉전체제 하에서 후진국들을 대상으로 경제원조를 시작하였다. 그러나 후진국의 행정 능력이 낮아 원조 효과를 충분히 거두지 못하고 있다는 평가가 늘어나기 시작했다.

당시 후진국의 행정문제를 연구하는 비교행정론이 발전했는데 남미 전문가로 비교행정을 연구한 미국 행정학자 리그스(F.W.Riggs)가 대표적인 학자였다. 리그스 교수는 사회적 가치가 분화되는 과정에 있었던 신생국 사회를 프리즘적 사회(Prismatic Society)라 불렀고, 신생국의 행정 체제를 일컫는 '프리즘적 살라 모델(Prismatic-Sala model)'을 만들었다.

리그스 교수가 제시한 살라 모델은 그가 후진국 행정의 특징을 정리한 개념이다. 살라(Sala)는 스페인어(語)로 두 가지 뜻이 있다. 우선 '사랑방'이란 의미가 있다. 이 때문에 한국에서 '사랑방 모형'으로 표현하기도 한다.

다른 하나는 '공적인 공간'이란 의미이다. 공공건물에서 사람들이 모여 공적인 일을 처리를 한다는 것이다. 하나의 단어가 묘하게도 다소 상반된 두 가지 의미를 담고 있다.

살라 행정의 의미

리그스 교수는 후진국의 행정체제를 '사랑방 모형(sala model)'로 설명한다. 여기서 '사랑방'은 소설 "사랑방 손님과 어머니"에서 손님인 '아저씨'가 놀러오는 바로 그 사랑방이다.
사랑방은 주인이 거주하는 방이면서 남자 손님이 오면 응접실 역할도 하는 공간을 말한다. 주인과 가족만 사용하는 '안방'도 아니고, 업무만의 '사무실'도 아닌 애매한 중간적인 공간의 뜻으로 붙여진 것이다.

살라 행정은 사적인 공간에서 공적인 일을 처리하는 것을 의미하는 것으로 해석되었다. 이는 남미의 군사

독재 국가들 사이에 쿠데타 이후 빈번히 등장한 현상이었다.

정방과 살라

우리 역사에서도 공식과 비공식의 경계를 넘나들며 실제 권력을 행사한 조직이 있었다. 고려시대의 '정방(政房)'이 그것이다.

정방은 고려시대 무신정권기의 최씨 집권 때 정무를 행하던 곳이었는데 최우가 인사문제 처리를 위해 1225년에 자기 집에 설치한 기관이었다.

원래 조정의 인사문제는 이부(吏部)와 병부(兵部)의 소관이었다. 문신은 이부에서, 무신은 병부에서 인사를 처리하였다. 최충헌 때부터 그가 인사권을 자의적으로 휘둘렀다. 최충헌의 후계자인 최우는 자기 사저(私邸)에 정방이란 이름의 공식 인사기구를 설치하면서 이를 공식화하였다. 이로써 최씨 무인정권의 권력은 확고해졌다.

권력의 핵심은 인사권에 있다. 문무관 전반에 대한

인사권을 자의적으로, 그것도 권력자의 사랑방에서 이뤄졌다는 것은, 권력이 최씨 정권에 귀속된다는 것을 뜻한다. 전형적인 살라 행정의 사례였다.

살라 모형의 유용성

리그스가 제시한 살라 모형(Sala Model)은 신생국들과 개발도상국가들의 일반적인 특징을 파악하는데 유용한 이론으로 평가되고 있다. 이는 선진국에 초점이 맞춰지던 기존의 행정이론에 새로운 틀을 제시한 것이었다.

리그스는 농업사회와 산업사회에 대하여 전통적·융합적 사회와 현대적·분화적 사회로 구분한다. 전통적 농업사회는 정치, 경제, 질서유지, 교육 등 사회의 여러 기능들이 분화되지 못하여 섞여있는 '융합사회'이다. 근대 산업사회는 분화가 이뤄진 '분화사회'이다. 개발도상국은 사회발전의 중간단계에 있는 '프리즘적 사회'이다. 백색의 단일한 빛이 프리즘을 통과하면 무지개 색으로 분리되듯이 프리즘적 사회를 거치면서 분화된다는 뜻에서 만들어진 명칭이다. 행정이론에서 이러한 상태를 살라 모형(Sala model)이라고 한다.

리그스는 관청(bureau)을 행정기관이 업무를 수행하는 보다 포괄적인 장소라는 의미로 사용하고, 전통사회의 관청은 빈소(賓所, chamber), 근대사회의 관청은 사무소(事務所, office)로 구분한다.

리그스는 살라 모형의 특징으로 관료 권력의 비대성과 행정의 비능률성을 지적한다. 그는 프리즘적 체제에서의 관료적 권력의 비중은 전통사회나 근대사회(분화사회)의 행정체제에서의 그것보다 상대적으로 크다는 점에 주목하였다. 리그스에 따르면, 관료제의 행정능률은 그의 권력 비중에 반비례한다. 살라 체제는 행정능률의 면에서 전통사회의 빈소 체제나 근대사회의 사무소 체제에 비하여 후진적이며 낭비적이라는 것이다.

이러한 형식과 실제 간의 괴리 현상에 대하여 리그스는 한마디로 '형식주의'라고 표현한다. 이것은 주로 개도국에서 형식적인 법규와 사실상의 집행이 부합되지 않는 현상을 말한다. 몇 가지 이유가 있다. 법규 자체의 현실과의 부적합성, 실제적인 합법성보다 형식적인 합법성을 강요하는 전통, 관료행태에 대한 사회적 통제의 취약성 등이 그 이유이다.

김기춘 비서실장의 잘못

나는 박근혜 정부의 몰락 원인이 살라 행정에 있다고 보고 있다. 그렇게 분석하는 이유는 대통령이 자신의 직무 규칙을 통해 체계적으로 움직이는 조직적인 메커니즘을 정립하지 못하고, 청와대를 권력자가 자의적으로 움직이는 '사랑방'처럼 만들었다고 평가하기 때문이다.

단적으로 박근혜가 대통령 집무실에의 출퇴근을 정시에 정확히 지키기만 했어도 탄핵 당하지는 않았을 것이라는 것이 나의 판단이다. 대통령이라면 시간에 맞춰 자리를 지키고 각 기관으로부터 보고받으면서 그때그때 필요한 질문을 던져야 했으며, 이렇게 했더라면 장관을 비롯해 많은 사람들이 긴장감을 갖지 않을 수 없었을 것이다. 그러면 권력기관 전체가 민첩하게 돌아갔을 것이다.

장관들과 비서관들이 매일 대통령을 대면하며 이런 저런 업무를 추진하다 보면 그 과정에서 여러 제안도 나오고 대통령의 공적인 신뢰감과 능력도 높아질 것이다. 문제는 박근혜가 기본적인 역할을 수행하지 않았다는 점이다.

결국 김기춘 비서실장의 잘못을 거론하지 않을 수 없다. 김기춘은 누구인가? 박정희 때 검찰총장을 지냈고 국회의원을 두 번이나 한 사람이다. 그는 '박근혜 모시기'를 '박정희 모시듯이' 한 것으로 짐작된다.

김기춘 비서실장은 박근혜 대통령이 살라 행정에 대한 유혹을 갖지 못하도록 강제해야 했다. 대통령이 청와대 집무실에 매일 출근해서 공적인 업무를 집행하도록 강요 했어야 했다. 김기춘은 대통령이 출근하지 않아도 그냥 내버려 뒀다. 그것은 박정희의 딸인 박근혜에게 편하게 해주겠다는 심산이었을 수 있지만, 한편으로는 대통령 부재 시 자신의 권력이 늘어나는 효과를 누린 것으로 볼 수도 있다. 이런 것들이 쌓여 대통령 탄핵으로 이어진 것이다. 이런 점들을 두루 생각해 보면 김기춘 비서실장의 잘못은 명백하다.

박근혜의 잘못

김기춘의 잘못을 차지하고라도 박근혜 대통령의 한계도 지적하지 않을 수 없다.

박 대통령의 잘못은 무엇보다 최태민 일가와의 관계를 청산하지 못한 것, 그 자체에 있다. 최태민과의 관계를 정리하지 못함으로써 세월이 지나 대통령이 된 시점에서 '라스푸틴' 유사(類似)설의 빌미를 제공하였다. 대통령으로 선출되었으면 이러한 정치 논란에 휩싸일 위험이 있음을 깨닫고 미리 대책을 만들어 마련했어야 했다.

박 대통령의 또 다른 패착은 박정희 대통령의 그늘에서 벗어나지 못하였고, 아버지와 자신을 차별화하는 전략을 갖고 있지 못했다는 점이다.

박근혜가 대선 후보로 떠오를 무렵, 합리적인 국민들은 물론 온건 좌파 진영에서도 그에 대한 기대와 지지 의사가 있었고 우호적인 시각이 많았다. 1980년대 부산 미국문화원 방화사건의 배후로 사형선고까지 받았던 김현장은 박근혜 후보를 공개 지지했고, 70년대의 대표적 저항시인인 김지하, 민청학련 사건으로 사형선고를 받았던 유인태 등도 일시적으로 박근혜에게 우호적이었다.

그러나 박근혜는 합리적 기대를 정치적으로 수용하지 않았다. 대표 사례는 그가 인민혁명당 사건[27]에 대해 취한 태도에서 찾아볼 수 있다. 2012년 MBC '손석희의 시선집중'에 출연했을 당시 그는 "인혁당 사건 피해자들에게 사과할 생각이 있느냐?"는 사회자의 질문에 사실상 회피하는 태도를 취했다. 이는 '군사독재정권의 과오를 인정하지 않는 것'으로 받아들여졌고 지식인 사회에서 실망스런 반향을 일으켰다. 박근혜의 2차 인혁당 사건 관련 발언이 이슈가 되자 유인태는 "희

---

27 2차 인혁당 사건은 박정희 정권의 폭력성을 단적으로 보여준 사례이다. 1974년 5월 27일 박정희 정권 당시 중앙정보부는 도예종씨 등이 인민혁명당을 재건하기 위한 조직을 결성했다고 발표했다. 이것이 이른바 인혁당 재건위 사건(2차 인혁당사건)이다. 1975년 4월8일 대법원이 도예종씨 등 8명에게 사형을 확정하자, 선고 후 18시간 만에 곧바로 사형을 집행한 초유의 사건이다. 정권의 시녀노릇을 하던 사법부에 의해 자행된 '사법살인'으로 평가받는 이 사건은 2002년 9월 의문사진상규명위원회에 의해 '고문에 의한 조작'으로 결론 내려졌고, 2007년 1월 서울중앙지법은 인혁당 관련자 8명에 대한 재심에서 무죄 판결을 내리기도 했다.

생자를 부관참시 했다"며 눈물을 흘리기도 했다.

정치인 박근혜는 아버지의 어두운 정치유산에서 벗어나는 노력을 통해 리더십 아이덴티티(identity)를 구축해야 했으나 이에 성공하지 못했던 것이다.

그가 '헌정 사상 첫 여성대통령이라는 명예'를 얻고서도 촛불시위를 계기로 물러난 '탄핵 대통령의 불명예'를 안게 된 것은 자신의 한계에서 벗어나지 못했기 때문이다.

chapter 9

대한민국의 불행한 현실
Amoral Society

대한민국의 불행한 현실 :
Amoral Society

어느 덧 선진국이 되다

20세기 전반기 한국은 식민지, 분단, 전쟁 등 온갖 비극의 역사로 점철된 그야말로 '가망 없는 나라'였다. 자원은 변변치 않고 인구밀도는 높아 보릿고개를 겪을 만큼 식량이 부족한 나라였다. 이에 비해 사우디아라비아는 엄청난 오일 머니(oil money) 덕에 잘사는 나라의 표본처럼 여겨졌다.

지금은 얘기가 달라졌다. 2024년을 기준으로 1인당 소득을 비교하면, 사우디아라비아는 3만 3,000달러로 세계 35위에 그친 반면, 한국은 3만 4,000달러로 그 나라에 비해 4계단 높은 31위를 기록하고 있다.

한국은 세계 10권의 경제대국으로 꼽힌다. 트럼프 미국 대통령은 아예 한국을 '부자나라'로 규정하고 방위비를 인상하는 구실로 활용한 바 있다. 방위산업 분야에서도 한국은 세계 최첨단을 달리고 있다. 여러 나라들이 한국의 군사무기를 사려고 관계자들을 보내고 있다.

제4차 산업의 기둥인 AI, 반도체 같은 첨단산업 분야에서도 각국이 한국과의 경제협력을 필수로 여길 정도로 한국은 경제적, 기술적으로 높이 평가받고 있다.

문화적 선진성을 보아도 한국은 세계적으로 부러움을 한 몸에 사고 있다. K-POP과 김밥, 라면 같은 K-FOOD까지 세계적인 유행이 되고 있다.

한국은 정치적으로나 경제적으로 자타가 공인하는 선진국이 되었다. 다른 나라들이 한국을 선진국으로 부른지 오래다. 한국인들 스스로 "대한민국이 정치, 경제, 문화적으로 선진국의 반열에 올랐다"고 말할 정도가 되었다.

30-50클럽에 진입한 유일한 식민지

30-50클럽이라는 개념이 있다. 1인당 국민소득이 3만 달러 이상이면서 인구 5,000만 명 이상의 조건을 충족하는 국가이다. 1인당 국민소득(GNI; Gross National Income)은 한 국가의 국민들이 국내외에서 벌어들인 총소득을 전체 인구수로 나눈 수치이다.

한국은 2006년에 1인당 국민소득 2만 달러를 달성했고, 2012년 6월 인구 5,000만 명을 넘겨 당시 선진국으로 가는 강국으로 평가받는 20-50클럽(1인당 국민소득 2만 달러 이상, 인구 5,000만 명 이상)에 진입했었다. 6년이 지난 2018년에 1인당 국민총소득 3만 1349달러를 돌파함으로써 30-50클럽에 진입했던 것이다.

2022년 기준으로 30-50클럽에 속한 국가는 일본, 독일, 미국, 영국, 이탈리아, 프랑스, 한국 등의 7개국이었다. 30-50클럽의 일원이라면 높은 생활수준과 대외적으로 비중 있는 경제규모, 독자적인 내수시장을 갖춘 경제대국으로서 선진국의 지위에 올라선 것으로 간주된다.

예를 들어 몰타, 아이슬란드, 카타르, 룩셈부르크 같은 나라들은 1인당 국민소득이 높은 부국(富國)이지만 기본적으로 인구 1,000만 명 미만의 작은 나라들이다. 이런 나라들은 경제규모가 작아 선진국으로 분류하기에 적절하지 않다. 이와 반대로 중국, 인도, 브라질 등 인구는 많지만 1인당 국민소득이 적은 경우도 역시 선진국으로 보기 어렵다.

30-50클럽은 애매한 기준을 배제하고 적절한 '선진국 개념'을 잡기 위해 고안된 것이다. 전 세계에서 이 기준을 충족하는 국가는 7곳 밖에 없는 셈이다.

여기서 주목할 점은 한국을 제외한 나머지 국가는 제2차 세계대전 이전에 제국주의 역사를 갖고 있는 나라들, 즉 식민지를 경영하고 지배해 본 경험이 있는 나라들이라는 사실이다. 한국은 식민지를 운영하여 외국의 부(富)를 국내로 흡수하기는커녕 일제 강점기의 식민 지배를 당했던 국가다. 이처럼 주권을 상실한 식민지였다가 30-50클럽에 진입한 나라는 한국이 유일하다.

'희망 없던 나라' 대한민국은 반세기 만에 선진국 반열에 올랐다. 원조 받던 나라에서 원조하는 나라로 변신한 세계 유일의 국가가 된 것이다.

노인 빈곤율 세계1위

해방된 지 80년, 정치적 민주화와 경제적 산업화를 모두 이룩한 선진국이 되었다는 가슴 벅찬 사실에도 불구하고 우리는 몇 가지 심각한 문제를 안고 있다.

무엇보다도 소득 분배 문제의 심각성이다. 특히 노인 빈곤율은 세계 최고 수준이다. 그에 따른 노인의 자살율 역시 세계에서 가장 높다.

경제협력개발기구(OECD)는 2023년 11월 『한 눈에 보는 연금 2023』 보고서[28]를 발간했다. 이에 따르면 한국의 노인 빈곤율은 정말 심각하다.

보고서는 한국의 66세 이상 노인의 빈곤율을 40.4%로 집계하여 OECD 1위로 올려 우리나라는 불명예를 안게 되었다. 76세 이상의 빈곤율은 52.0%에 이른다.

빈곤율이란 '소득수준이 중위가구 가처분소득[29]의

---

28 Pensions at a glance 2023
29 벌어들인 총소득에서 세금, 국민연금, 건강보험, 대출이자 등을 빼고 자신이 마음대로 쓸 수 있는 돈을 의미.

50% 미만인 가구'[30]를 의미한다. 우리나라 가구를 한 줄로 쭉 세웠을 때 중간에 있는 가구의 가처분소득의 절반에 미치지 못하면 빈곤률 통계에 포함된다.

2020년 기준으로 우리나라의 가구 중위소득은 연간 약 3,000만원이었고, 연간 소득 1500만원, 월 소득 120만원을 넘지 못하면 빈곤노인으로 통계에 잡힌다. 이런 노인가구가 전체의 40%라는 말이다.

한 가지 유의할 점은 한국의 노인들은 평생 벌어들인 돈의 상당 부분을 부동산에 묶어두고 있다는 것이다. 2022년 기준, 65세 이상 고령자 가구의 총자산은 4억 5,364만원으로 추산되었다. 이를 감안하면 노인 빈곤율 1위에 숨은 뜻은 자산은 있으나 막상 쓸 돈이 없는 노인들이 많다는 것이다.

---

30 OECD 빈곤율 기준의 원문은 아래와 같다.
"Percentage with incomes less than 50% of median household disposable income"

인구절벽

또 하나 심각한 문제는 인구절벽이다. 젊은 노동인구가 줄어들어 앞으로 경제를 이끌어 나가는 데 문제가 있다. 현재와 같은 인구절벽이 계속되면 나라가 소멸될 위험한 처할 수 있다는 관측이 지배적이다.

영국의 옥스퍼드 인구문제연구소(Oxford Institute of Population Ageing)는 불행히도 앞으로 지구상에서 가장 먼저 사라질 나라로 한국을 꼽았다. [31]

일론 머스크 테슬라 최고경영자(CEO)는 한국이 3세대 안에 인구가 붕괴되어 지도에서 사라질 것이라고 가세했다. 유엔미래포럼은 2305년 한국이 남자 2만, 여자 3만 명 정도만 남게 될 것으로 예측하고 있다.

미국 브루킹스 연구소도 한국에서 현재의 출산율이

---

[31] 옥스포드 대학교 데이빗 콜먼 명예교수가 경제협력개발기구(OECD) 38개 국가 중에서 인구소멸국가 제1호로 한국을 지목했다. 그는 저출산과 고령화로 인해 2305년 경 지구상에서 사라지는 최초의 국가가 될 것이라며 22세기에 지구상에서 가장 먼저 사라질 국가로 한국을 꼽았다.

지속되면 2750년에 인구가 영원히 멸종될 것이라고 예측했다. 국내 연구기관도 이 문제를 다룬 바 있다. 한국개발연구원과 보건사회연구원 등은 2413년에 부산에서 인구 소멸, 2505년에 서울에서 인구 소멸을 예측하였다.

한국은행은 우리나라가 저출산 고령화에 제대로 대응하지 못할 경우 성장과 분배, 모든 측면에서 큰 어려움을 맞이하고 2050년대에 0% 이하의 성장세를 보일 확률이 높다고 전망했다. 경제가 마이너스 성장을 하게 될 것이라는 의미이다.

정치가 바로 서야 나라가 바로 선다

양극화와 인구절벽보다 더 중요한 문제가 또 있다. 그것은 당면한 사회문제를 적극적으로 해결해나가야 할 정치가 제 역할을 하지 못한다는 점이다. 문재인 정부는 물론이고 윤석열 정부에서도 나아질 기미가 없다.

정치 부재의 원인은 한국이 점점 무윤리(Amoral) 사회로 가기 때문이라고 나는 생각한다. 우리가 무윤리 문제를 생각하지 않는 것은 아니지만 그 심각성은 외면하는 경향이 있다.

후진 사회의 도덕적 기초

우선 짚고 넘어가고 싶은 것은 무윤리 사회의 개념이다. 이것은 에드워드 밴필드(Edward Banfield)라는 미국 정치학자에 의해 제기되었다. 그는 가난한 나라 혹은 지역을 학문적으로 분석했는데 1955년 이탈리아의 특정 지역에 거주하며 연구한 경험에 기초하여 『후진사회의 도덕적 기초(Moral Basis of a Backward Society)』[32] 라는 저서를 집필했다.

이 저서는 이탈리아 남부의 작은 마을인 몬테그라노(Montegrano)[33]의 문화를 연구하고 사회과학적으로

---

32 Moral Basis of a Backward Society_ February 1, 1967 by Edward C. Banfield (Author)
33 이 마을의 실제 위치와 지명은 이탈리아 바실리카타 지역의 키아로몬테(Chiaromonte)이지만, 밴필드는 실제 지명을 숨기기 위해 몬테그라노 라는 가상의 지명을 사용했다.

분석한 결과를 모은 것이다.

밴필드가 마을에서 목격한 것은 남부 이탈리아 마피아들의 자기중심적인 씨족 체계였다. 그는 '오로지 자신의 직계 가족만을 위해 노력할 뿐 어떤 공익도 추구하지 않는' 이기적이고 가족 중심적인 사회를 관찰했다.

그가 조사한 몬테그라노는 완만한 산지로 둘러싸인 작은 마을이다. 거주자 대부분을 차지하는 약 70%의 주민들이 농사로 생계를 꾸렸다. 일부는 토지가 없는 노동자들이었고, 대다수는 흩어져 있는 작은 토지에서 일했다. 토지는 건조하고 인공관개가 부족하였으며, 비료 사용도 드물었던 탓에 수확량은 적었다. 농민 대부분은 작은 집에서 살면서 농사지었고 농장으로 걸어서 출근했다. 상인, 공무원, 전문직 등의 나머지 30%는 농민의 생계를 약간 상회하는 수준의 소득이 있었고 풍족하지 않았다.

밴필드는 이 지역에서 다년간 거주하며 주민들에게 그림카드를 보여주고 이야기를 짓게 하는 설문조사와 테스트 등 다양한 사회과학 도구를 사용해 마을 사람들의 시각을 기록하였다. 그 결과는 매우 충격적이었다.

이곳 주민들은 역사적, 문화적으로 공동선(共同善)을 위해 일하는 동기 부여의 습관, 규범, 태도, 네트워크를 갖고 있지 않았다. 이 지역에서는 신문이 발행되지 않았고, 어떤 종류의 자선 활동도 없었다. 공공 정신도 없었고, 공동체적 목표도 없었다.

농민들은 대부분 종교나 정치에 무관심했고, 소수의 독실한 사람들은 미신을 믿고 있었다. 동료 시민들은 개인적인 물질적 이익을 위태롭게 하지 않는 한 서로 돕는 것을 거부했다. 시기심도 팽배했다. 다수의 사람들은 이웃의 행운이 필연적으로 자신의 이익을 해칠 것이라고 믿으면서 이웃이 성공하는 것을 막으려고 했다.

요약하자면 몬테그라노 주민들은 예외 없이 가족 외에는 누구에게도 관심이 없었다. 당연히 타인을 돌보지 않았다. 에드워드 밴필드는 이 상황에 대하여 자신이 창안한 용어인 '비도덕적 가족주의'라는 말로 설명하였다. 이것은 주민들의 의사결정 기준이 오로지 어머니, 아버지, 아이들을 포함한 핵가족의 단기 이익을 극대화하는 것이라는 점을 의미했다.

사회 전체의 이익을 생각하지 않는 핵가족 중심주의에 대해 그는 '비도덕적 가족주의의 기풍'이라고 불렀다. 그는 이것이 아마도 특정 토지의 보유 조건, 높은 사망률, 그리고 다른 공동체적 기관의 부재 등이 결합하여 만들어진 것이라고 추론했다.

밴필드는 몬테그라노의 곤경이 주민들의 상호관계가 보여주는 불신, 질투, 의심에 뿌리를 두고 있다고 결론 지었다. 이곳 주민들은 안전망을 위해 사회적 관계를 형성하기보다는 끊임없는 의심의 눈으로 이웃을 보았다.

이러한 요인들이 어우러진 결과, 그곳의 모든 농민들은 실존적으로 비참했다. 그들은 원자화되어 있었고, 다른 사람들에게 의존할 수 없었던 탓이다.

그 지역에서는 공통의 문제를 해결하기 위해 함께 일한다거나 사회기반 시설이나 경제적 문제를 해결하기 위해 공통의 자원과 재능을 모으는 행동도 없었다. 각

개인의 사회적 고립과 가난이 만연하였다. 저마다 자기 가족만 생각하는 무윤리 상태가 공동체 전체의 불이익을 초래한 것이다.

(밴필드의 저서)

Immoral과 Amoral

밴필드의 분석에서 주목되는 것은 Amoral이라는 개념이다. 저개발 국가들의 도덕적인 기반을 보면 문화 도덕의 개념 자체가 없는 무윤리 상태에 있다는 것이다.

특히 마피아 사회에서 관찰되는 중요한 점은 나 자신과 딸린 처자식, 그들의 안전과 물질적인 부만이 유일한 관심사라는 사실이다. 이들은 이를 위해서는 무슨 짓을 해도 상관이 없다는 가치관을 갖고 있다. 마피아 사회에서 나타나는 이러한 현상이 바로 무윤리 즉 Amoral이라는 개념이다.

도덕(Moral)에 대응하는 영어 단어로 Immoral(非도덕)과 Amoral(無도덕)이 있다. Immoral은 비윤리적이거나 사악한 행동 즉 도덕에 어긋나는 행동을 의미한다. 부정행위, 절도, 폐기물 투기 등이 그에 속한다.

이에 비해 Amoral은 아예 도덕관념이 없거나 도덕을 초월한다는 의미를 지닌다. 도덕원칙에 대한 관심 없음 또는 옳고 그름에 대한 무시를 뜻한다. 예를 들어

돈을 벌기 위해서라면 무슨 짓이든 하는 비도덕적인 사업가를 무도덕으로 표현할 수 있다. 이 개념은 도덕적 원칙에 관심이 없거나 이에 의해 유도되지 않는다는 측면에서 특이하다. 도덕적 감각이 결여되어 옳고 그름에 무관심하다. 오로지 나와 내 처자식의 영리만 추구하는, 마피아 사회에서나 볼 수 있는 무도덕이 바로 Amoral이다.

한국 정치에 팽배한 Amoral

대한민국 정치에서 우려되는 점은 부지불식간에 무윤리 사회로 나아가고 있다는 것이다. 이탈리아의 정치학자 마르코 산토로 볼로냐대 교수는 정당을 연구하다 마피아 연구로 방향을 틀었다. 정당의 본질적 요소들이 마피아에서 발견된다는 것이다. 그가 쓴 책은 『마피아 정치학(Mafia Politics)』이다.

이 저작의 핵심 내용은 무도덕 가족주의(Amoral Familism)이다. 부도덕이 아니라 도덕관념이 아예 없는 무도덕 가족주의다. 내 가족을 위한 행동이라면 그것이 무엇이든 좋고 정당하며, 이와 반대로 남의 가족은 뭐든지 나쁘게 보는 마피아 문화가 정당과 정치 현장에 녹아있다는 것이다.

실제로 많은 학자들이 가족주의가 강한 나라일수록 부정부패가 심하다고 분석해왔다. 아시아 국가들 중에서도 가족에 대한 의무를 더 강조하는 동아시아 국가들이 중앙아시아 국가들보다 부패가 더 심한 것으로 나타났다. 부정부패는 사회적 관점에서는 부도덕하고 혐오스러운 것이지만, 이를 저지르는 사람의 가족에겐 물질적 풍요를 누릴 수 있는 혜택이 된다. 부패 척결의 소리가 아무리 높아도 역사적으로 부패가 근절되지 않는 것은 왜곡된 가족사랑 때문이다.

한국 정치는 점점 무윤리로 향하고 있다. 자기 자신과 처자식을 위해서라면 거짓말을 밥 먹듯이 해도 양심의 가책을 느끼지 못한다.

단적인 예는 사회 지도층인 조국 전 법무장관 사건에서 찾아볼 수 있다. 1·2심 법원은 조 전 장관이 딸과 아들의 입시를 위해 허위 인턴십 확인서와 체험활동 확인서를 제출한 데 따른 국내 대학의 입학 업무를 방해한 혐의, 이들의 온라인 시험을 도와준 데 따른 미국

조지워싱턴대학의 업무를 방해한 혐의 등을 모두 유죄로 판단하였다.

이른바 조국 사태는 입시와 관련한 공정성과 정직성의 문제를 사회적 쟁점으로 끌어올렸고, 법원의 명백한 유죄판결은 엄격한 잣대를 세우는 계기가 되었다.
이러한 사법적 판단에도 불구하고 조국 전 장관은 2024년 총선에서 돌풍의 주역이 되었다. 조국혁신당을 창당해 12명의 의원을 배출하는 기염을 토했던 것이다.

여기서 확인되듯이 한국 정치는 윤리적 기준을 도외시하는 양상을 띠고 있다. 정치가 표를 얻는 기술로 전락한지 이미 오래다. 포퓰리즘(대중영합주의)에 빠진 한국의 정치인들은 거짓말을 밥 먹듯이 하고 표를 얻기 위해 헛된 공약을 남발한다. 국가 보증으로 부채를 뿌려도 상관하지 않는 지경에 와 있다.

2024년 4월 총선을 앞둔 시점에 더불어민주당의 이재명 대표는 전 국민에게 1인당 25만원씩 소위 '민생회복 지원금'을 지급할 것을 제안했다.

그는 기자회견에서 "벼랑에 놓인 민생경제 회생을 위해 특단의 긴급구호 조치를 서둘러야 한다. 국민 모두에게 1인당 25만원, 가구당 평균 100만원의 민생회복지원금 지급을 제안한다. 기초생활보장 수급자, 차상위 등 취약계층의 경우 1인당 10만원을 추가 지원하겠다"고 말했다. 지급 방식에 대해서는 "코로나19 때 (지급된) 재난지원금처럼 민생회복지원금도 지역 화폐로 지급하겠다."고 했다.

지원금 지급에 필요한 재원 13조원에 대해서는 "윤석열 정권이 그동안 퍼준 부자감세와 민생 없는 민생토론회에서 밝힌 기만적 선심 공약 이행에 드는 900조~1000조원에 비하면 정말 새 발의 피, 손톱 정도에 불과하다"는 억지 논리를 폈다.

한국의 정치 풍토는 선거 때 퍼주기 공약을 하지 않으면 바보가 되는 상황이라 할 수 있다. 이런 현상은 한국이 Amoral Society로 변모하고 있음을 단적으로 보여준다.

한국 정치는 날로 대중영합주의에 빠져들고 있다. 여당과 야당, 보수와 진보를 가리지 않고 정부예산 퍼주기에 나선다. 이는 결국 엄청난 국가부채로 이어진다. 진보 정권인 문재인 정부와 보수 정권인 윤석열 정부 사이에 정도의 차이는 있을지언정 근본적인 차이는 보이지 않고 있다.

"2023 회계연도 국가결산보고서"에 따르면, 대한민국의 2023년 국가채무는 약 1,126조 7천억 원으로 역대 최대치를 기록했다.(D1기준) [34]

이는 우리나라의 GDP(국내총생산, 약 2,300조) 대비 약 50%에 달하는 수치다. 이것은 1982년 관련 통계 작성 이래 처음 있는 일이었다(일반정부 부채인 D2의 비율은 53.5%로 추산됐다). 요컨대 연간 국내총생산의 절반이 정부 부채인 셈이다.

누가 한국을 남미(南美)로 만들고 있는가

국가부채를 심각한 문제로 여기는 않는 포퓰리즘은

---

34 국가 채무는 D1, D2로 구분하는데 D1의 경우 중앙정부, 지방정부의 채무로 직접적 상환의무가 있는 돈을 의미하고, D2는 D1에 비영리 공공기관 부채를 합한 것으로 '일반정부 부채'라고 불린다.

무윤리 사회의 단면이다. 국가의 재정 건전성이 어떻게 되든지 간에 "무조건 내가 권력만 잡으면 된다. 필요한 것은 권력 장악이지 국가의 미래가 아니다!" 이게 정치인으로서 할 말이고 가당하기나 한 태도인가.

부끄럽게도 정치의 이면에 이런 태도가 깔려있다. 공익은 안중에 없고 사익을 앞세우는 정치 풍토는 더 극명한 정치대립을 가져온다. 정치권의 이전투구와 극심한 갈등은 국민을 더욱 좌절하게 한다.

포퓰리즘으로의 길은 '한국의 남미화'를 재촉할 뿐이다. 남미국가 중에 포퓰리즘으로 망한 나라들이 적지 않다. 아르헨티나의 후안 페론, 멕시코의 라사로 카르데나스, 에콰도르의 호세 이바라 등은 '평등의 기치'로 정권을 잡았고, 중앙은행의 발권(發券)력, 정부의 재정 적자를 배경으로 '대규모 퍼주기' 정책을 남발했다.

퍼주기를 남발할 때마다 국민의 경제적 고통과 소득 불평등은 오히려 깊어졌다. 재정과 통화 팽창을 통한 재분배 정책은 단기간에는 성과를 보이는 듯해도 결국 인플레와 자본 유출, 통화가치 급락, 실업 등의 부작용으로 이어지고, 끝내 경제 붕괴의 결말을 맺는다.

남미의 포퓰리스트들은 포퓰리즘의 덫에 갇히게 되었고 정치적 돌파구를 찾기 위해 국민 편 가르기, 부유층에 대한 혐오감 자극과 같은 갈등의 정치를 재생산하였다.

한국은 남미의 전철을 밟지 않을까? 이 우려는 조용히, 광범위하게 확산되고 있다. 국가의 미래는 아랑곳하지 않은 채 정권 장악에만 혈안이 되어있는 정치권, 부지불식간에 무(無)윤리적 가치관에 포박된 정치인들의 태도를 시정하지 않는 한, 한국은 '포퓰리즘의 치명적인 마약'의 중독에서 헤어나지 못할 지도 모른다.

chapter 10

한국인에게는 위험 감수 본능이 있다

한국인에게는 위험 감수 본능이 있다

한국이 경제발전에 성공하고 선진국이 된 것은 '기적'에 가까운 일이었다. 기적은 풍족이 아니라 '부족의 역설' 덕분이기도 했다. 자원이 없어 '자원의 저주(resource curse)'도 없었고, 국토가 드넓고 비옥한 것도 아니어서 누구나 땀 흘려 일하지 않으면 먹고 살 수 없는 형편이었다. 지하자원도, 농업자원도, 관광자원도 없는 부족함이 경제발전의 비결이었던 점에서 역설인 것이다. 그 대신 넘쳐나는 것은 사람(인적자원)이었다.

성공의 의지를 가진 국민이야말로 가장 중요한 자원이다. 이런 사정은 다른 나라에서도 찾아볼 수 있다. 네덜란드는 국토가 척박하고 바다보다 얕은 데다 인구밀도는 한국 못지않게 높다. 이러한 열악한 조건 탓에 하나둘 바다로 나간 결과 세계의 상업을 주름잡았고, 국민소득 5만 달러에 육박하는 부국이 되었다. 가진

게 없는 나라일수록 국민들은 부지런하다. 무언가 해보려는 의욕도 강하다. 그러지 않고서는 생존이 어렵기 때문이다. 성취욕으로 똘똘 뭉친 국민보다 더 나은 자원은 세상 어디에도 없다.

대한민국은 어떤 길을 가야 할 것인가? 무윤리 사회를 극복하고 후손에게 아름다운 나라를 물려주려면 두 사람의 의견을 귀담아 들어야 한다.

일찌감치 한국이 '동방의 등불'이 될 것이라 예언한 인도의 타고르 시인, 한국은 독특한 리스크 테이킹 컬처(risk-taking culture) 때문에 발전할 것이라고 예측한 루시안 파이 교수의 생각을 살펴보려고 한다.

타고르 시인의 예언

인도 벵골지역의 부유하고 독실한 브라만 힌두 가문에서 태어난 타고르는 여덟 살 때부터 시를 짓기 시작해서 16세에 시집을 낸 타고난 시인이었다.

벵골시역은 예로부터 브라만 문화가 튼튼히 자리 잡

고 있었고, 문학적 재능이 뛰어난 시인들이 많았다. 타고르의 부모는 어릴 적부터 그림과 시, 문학을 좋아한 아들이 자신을 마음껏 표현하고 배우도록 도와주었다. 특히, 타고르의 아버지는 자녀들과 여러 지역을 여행하며 아이들이 세상을 넓고 깊게 볼 수 있게 해주었다.

타고르는 히말라야지역을 비롯한 인도 곳곳을 여행하며 넓은 세상과 많은 사람들을 만날 수 있었다. 그 경험이 바탕이 되어 타고르의 마음과 머리, 손에서는 누구라도 공감할 수 있는 아름다운 시가 많이 탄생되었다.

타고르는 벵골 최초의 소설가가 된 누나에 이어 17세에 이미 소설과 희곡집을 출판했다. 그의 작품들은 좋은 평가를 받았다. 타고르가 문학가로 인정을 받던 그 시기는 영국이 인도를 식민 지배하고 있을 때였다.

그는 영국으로 유학을 갔는데 그 무렵 세계적으로 '민족자결주의'가 무르익고 있었다. 청년 타고르는 자연스럽게 영국이 인도를 식민지 지배하고 있음을 심각히 생각하고 있었다. 간디가 가난한 농부의 옷을 입고 맨발로 나타났을 때, 타고르는 기꺼이 간디에게 마하트마, 즉 위대한 영혼이라고 불렀다. 세계인은 이때부터 타고르를 따라서 '마하트마 간디'로 부른다. 간디가 영국에 대항해 비폭력적 저항운동의 하나로 단식을 단행할 때 타고르는 간디 편에서 그의 힘이 되어 주었다.

타고르는 부유한 가문에서 태어난 지주였지만, 간디와 함께 하며 가난하고 어려운 사람들의 삶을 낱낱이 알게 되었다. 이후 그는 평생 가난한 농촌 사람들의 문제를 안고 함께 살기 시작했다.

타고르가 1912년에 출간한 『끝없는 이야기들』에는 농촌의 가난과 불행에 대한 그의 생각이 담겨 있다. 노년에는 농촌연구소를 만들어 농촌지역 발전과 교육에 많은 기여를 하였다.

런던대학교에서 문학을 전공한 타고르는 영어로도 많은 작품을 남겼고 영어로 된 훌륭한 작품을 벵골어로 옮기기도 했다. 인도 문학을 서양에 소개하고 서양 문학을 인도에 소개하는 다리의 역할을 한 것이다. 그는 1913년에 시집 『기탄잘리(신에게 바치는 노래)』를 비롯한 여러 작품으로 아시아 최초로 노벨문학상을 받았다.

타고르는 한국에 관심이 많았다. 1919년 3·1운동 당시 실의에 빠진 조선에 힘을 주기 위해 타고르는 《패자의 노래》라는 시를 지었다. 그는 1929년에 아시아 지역을 여행하면서 일본을 방문할 기회가 있었는데 이때 식민지 조선을 위해 《동방의 등불》이라는 시를 지어 발표하기도 했다.

〈동방의 등불〉

일즉이 아세아(亞細亞)의 황금시기(黃金時期)에
빛나든 등촉(燈燭)의 하나인 조선(朝鮮)
그 등(燈)불 한번 다시 켜지는 날에
너는 동방(東方)의 밝은 비치되리라 [35]

In the golden age of Asia
Korea was one of its lamp – bearers,
And that lamp is waiting
to be lighted once again
For the illumination
in the East.

---

35 동아일보 창간호에 소개된 번역문

이 시는 한국이 반드시 다시 '동방의 등불'이 되리라는 확신과 함께 우리 민족문화의 우수성과 강인한 민족성을 칭찬하는 것이었다. 《동방의 등불》은 우리나라 사람들의 마음을 울리고, 독립 의지를 더욱 다지게 하였다.

동아일보는 이 시를 창간호 1면에 실었다. 이후 타고르의 시들이 우리나라 시 잡지에 소개되었고, 시집 『기탄잘리』, 『신월』 등이 번역되었다.

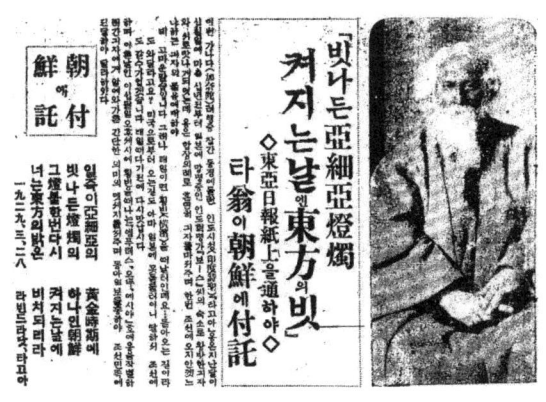

(타고르의 시를 보도한 동아일보)

타고르는 문학 창작 외에도 다양한 활동을 했다. 그는 교육자로서 1901년 벵골에 학교를 세우고, 인도와 서양식 교육의 장점을 모아 인도 학생들을 가르쳤다. 훗날 대학교를 설립하기도 했다. 노년에는 자신의 농촌 발전에 대한 열정을 실천에 옮겼다. 농촌연구소를 설립하여 가난한 농촌 사람들의 생활을 개선하고, 학자들로 하여금 농업 생산량을 늘리는 연구를 하게 하는 등 인도의 농촌 발전에 크게 기여했다.

3.1운동에서 영감을 얻다

시성(詩聖)으로까지 상찬되던 타고르 시인은 동방의 작은 나라를 왜 그토록 예찬했을까? '지금은 일본의 식민지이지만 언젠가는 한반도가 동방의 등불로 전 세계를 밝힐 것'이라는 타고르의 예언은 어떤 맥락에서 나온 것일까? 이것은 3.1운동에서 영감을 얻은 것이었다.

타고르는 3.1운동을 통해 알게 된 한국 민중의 숭고한 저항정신을 목격하면서 한국과 한국인의 정신세계로부터 깊은 감명을 받았다.

3.1운동은 비단 타고르 시인에게만 영감을 준 것이 아니었다. 영국으로부터 독립을 추진하던 인도 국민회의파는 1919년 4월 5일부터 비폭력 독립운동(사타야

그라하)를 전개한다. 간디는 남아프리카에 있다가 3·1운동이 시작되었다는 보도를 읽고 급히 귀국하여 4월 5일부터 '비폭력 독립운동'을 시작하였다. 3·1운동의 비폭력 방법은 인도의 독립운동에 도입되어 인도 독립운동의 활성화에 큰 영향을 주었다.

3.1운동은 중국에도 큰 영향을 미쳤다. 열강의 반식민지로 전락해가고 있는 중국의 정신을 깨우친 5·4운동 역시 그 단초는 3.1운동이었다. 중국 현대사에 큰 영향을 준 5·4 운동에 직접적인 자극제가 되었다.

미국 식민지이던 필리핀에서도 마닐라 대학생들이 1919년 6월 독립운동을 일으켰고, 영국 식민지이던 이집트의 카이로 대학생들도 같은 해 6월 독립운동을 일으켰고 이것은 아랍세계에 전파되었다. 일련의 역사적 사건들이 3·1운동으로부터 큰 영향을 받았던 것이다.

심지어 네루 [36] 는 딸에게 보낸 옥중서신에서 "코리

---

36 자와할랄 네루 : 인도의 독립운동가. 비폭력 평화주의자인 마하트마 간디와는 달리 파업 같은 투쟁적인 독립운동을

아에서 일어난 일을 네가 안다면, 너도 큰 감동을 받을 것"이라고 했을 정도였다. 3.1운동이 세계인에게 준 감동이 어떠하였는지 짐작할 수 있는 대목이다.

이처럼 우리 민족의 3·1운동은 중국의 5·4운동, 인도 국민회의파 독립운동, 필리핀 독립운동, 아랍 독립운동 등에 정신적으로 큰 영향을 주었다. 제2차 세계대전의 종료와 더불어 이 나라들은 모두 독립국가 재건에 성공하였고 오늘날과 같은 세계의 기초를 세웠다. 한민족의 3·1운동은 이처럼 세계사적 전환의 분기점이 되었던 것이다.

3.1운동이 오늘의 한국에서는 단지 공휴일의 하나 정도로 인식되고 있지만, 이것은 세계사적 흐름을 촉발시킨 위대한 사건이었다. 우리는 이에 자긍심을 느껴야 한다.

루시안 파이의 분석

3.1운동과 같은 위대하고 아름다운 인류사적 저항

전개했다. 인도독립 이후 초대 인도 총리를 역임했다.

정신이 한국에서 발현된 이유는 무엇일까? 여러 가지 분석이 있을 수 있지만, 나는 루시안 파이(Lucian Pye) 교수의 분석을 주목해왔다.

루시안 파이는 미국 매사추세츠 공대(MIT)에 정치학과를 만들었고 무려 51년 동안 교수로 재직했다. 그는 정치학을 정신분석학에 접목시킨 것으로 유명하다.

파이는 1921년 10월 중국 산시(陝西)성의 시골에서 태어났다. 어릴 때 미국으로 건너와서 학교를 다녔는데 결국 중국문제 전문가가 되었다. 공산주의 중국을 이해하기 위해서는 마오쩌둥을 알아야 하고 마오를 푸는 열쇠는 중국 문화를 해독하는 것이라고 믿었던 그는 중국 정치문화론의 대가가 될 수 있었다.

파이가 보는 중국 정치의 핵심은 '절대 권력'이다. 하늘이 보낸 천자(天子)가 세계를 통치한다는 세계관이 아직 중국인들의 머릿속에 강하게 남아 있고, 그것이 특유의 집단주의를 만들어낸다고 보았다.

유교적 집단의식

루시안 파이가 생각한 유교적인 집단의식의 핵심은 위험을 감수하는 문화(risk-taking culture)이다. 그는 바로 한국인의 핏속에도 '리스크 테이킹 컬쳐'가 흐른다고 말한다.

위험을 감수하는 문화는 '내가 믿는 저 사람들이 주장하는 일이니까 옳은 일이겠지!'라는 믿음으로 누군가를 추종하는 문화이다. 파이 교수는 이런 문화가 한국의 정치 경제 발전의 원동력이 되었다고 생각한다.

유교적 전통에서는 이른바 '배운 사람'이 앞장서면 의심 없이 따라나서는 현상이 빈번히 발생한다. 엘리트 그룹에 있는 사람들이 무언가 비판적인 태도를 취하고 그에 저항하면 사람들이 동조한다. 4·19 때 일반 국민들이 학생들에게 적극 호응한 것에서도 이런 측면을 발견할 수 있다.

박정희와 전두환 시기에 등장했던 반독재 투쟁과 빈번한 반정부 시위 역시 그런 문화에서 나왔다고 볼 수 있다. 5·18 광주민주항쟁이나 6월 항쟁에서처럼 학생들이 들고 일어나면, 일반 군중들이 뒤를 따르고 반정부 여론과 세력이 커져 끝내 정권도 뒤집어지는 것이다.

8 Korea, Taiwan, and Vietnam: Forms of Aggressive Confucianism

A CLOSE EXAMINATION of development in the small Confucian countries of Korea and Vietnam reveals variations on a common tradition that are just as great as those between China and Japan. A brief look at Taiwan's approach shows, too, that whereas Korea and Taiwan are frequently treated as very similar cases because they are both successful NICs that have relied upon export-led growth, they have followed significantly different development paths. And of course a comparison between Taiwan and the Mainland uncovers important, shared features of Chinese culture.

Korea's evolution falls somewhere between the Chinese and Japanese patterns of Confucianism. Although the Koreans accepted the Chinese ideal of a virtuocracy for their ruling mandarins, the Korean *yangbans* were openly competitive in their use of power, much like the Japanese samurai. While the Chinese system had a strong emperor figure and a disciplined, if not always dutiful, bureaucracy, the Koreans had a relatively weak king and a strong aristocracy which did not always take gracefully to the idea of being part of a bureaucratic hierarchy; in this sense the *yangbans* resembled the competitive daimyos of Japan.

By contrast, the Vietnamese, in spite of their deep hatred for their longtime Chinese rulers, came closer than all the other non-Chinese Confucian societies to emulating the Chinese system of power. This was particularly the case with respect to the Chinese ideal of rule by a bureaucracy staffed with mandarins well-versed in the Confucian classics. There were, however, two fundamental differences. First, power in Vietnam tended to have a geographical,

(공격적 유교문화에 대해 논하고 있는 루시안 파이의 저서)

한국, 베트남, 대만의 공통점

유교문화는 물론 한국만의 전통은 아니다. 중국을 비롯하여 동아시아의 여러 나라들이 공유하는 정신적 전통가치이다.

지도자가 어떤 결정을 내리든지 그를 따라가는 행태는 한국에서 뿐 아니라 일본이나 중국에도 존재한다. 장유유서(長幼有序)에서 보이듯이 유교는 서열(序列)문화를 강조한다.

자식들이 부모 말을 따르듯이 지도자의 결정에 이의를 제기하지 않고 따라가는 문화는 같은 유교 영향권에 있는 베트남, 일본, 중국 등에서도 비슷하다.

파이 교수는 한국, 대만, 베트남이 공통적으로 공격적인 유교(Aggressive Confucianism) 문화를 갖고 있다고 지적한다. 여기서 우리가 주목해야 할 점은 '어그레시브(aggressive)' 즉 공격적이라는 표현이다.

신흥 산업 국가와 유교

이른바 아시아의 네 마리의 용 혹은 NICs [37] 라는 아시아 신흥개발국(新興工業國) 즉 대만, 홍콩, 한국, 싱가포르의 특징은 유교 문화의 영향을 강하게 받았다는 점이다. 이 점에서는 중국과 베트남도 마찬가지이다.

루시안 파이 교수는 이들 나라가 새롭게 산업국가로서 발전한 이유를 유교 문화에서 찾았고, 집단주의 요소에 주목한다.

유교 문화에는 권위적인 가부장이 주도하는 집단주의 문화가 있다. 가부장의 결정에서 떨어져 나가 고립되는 것은 개인에게 치명적이다. 이러한 역사적 체험 때문에 식자층이나 엘리트들이 제시하는 방향에 대해

---

37 NICs : Newly Industrializing Countries의 약자. 공업화를 바탕으로 급속한 경제발전을 이루어 선진국과 후진국의 중간에 해당하는 국가를 말한다. 1960~1970년대에 급격한 경제성장을 이룬 한국, 홍콩, 싱가포르, 대만 등의 국가·지역을 가리키는 용어다. 이 나라들은 빠른 공업화정책을 추진하여 고도성장을 이루었고 선진국과의 격차를 줄이는데 성공하였다.

복종하는 문화가 존재하고, 이에 따라 집단행동이 가능해진다.

가족의 가장처럼 집단을 이끄는 사람들이 일단 결정하면 다른 의견을 제시하지 않고 따르는, 즉 집단행동의 위험을 감수하는 문화가 네 마리의 용들이 발전한 정신적인 자산이 되었다는 것이다.

이런 문화에서는 사람들이 고립을 싫어한다. 전체와 동떨어져 자기만 외톨이 되는 걸 싫어하는 것은 집단주의 문화의 핵심 특징이다.

위험감수, 혁신의 동력

파이 교수는 "한국 사람은 고립되는 걸 특히 싫어하는 문화를 갖고 있다"고 지적했다. 반면에 여럿이 함께 집단으로 한다면 어떤 위험이 있어도 크게 개의치 않는다는 것이다. 나는 이런 측면, 즉 혼자가 아닌 여럿이 함께 뭉쳐서 추진하는 방법론을 잘 개발하면 앞으로도 더욱 발전하는 나라가 될 것이라고 생각한다.

무엇이 한국인의 위험감수 유전자를 더욱 강하게 만들었을까? 우리는 역사적으로 수많은 침략을 당하였고 일본의 강제에 의해서 국권을 잃었고 6·25 전쟁으로 국가가 파멸지경에 이르렀던 경험이 있다. 우리에게 중요한 점은, 그럼에도 불구하고 다시 살아나 세계가 놀랄 선진국으로 발전할 만큼의 저력이 있다는 것이다.

전쟁터에서 적진을 들락날락거리며 빈번하게 공을 세우는 사람들은 "나는 죽지 않는다!"는 근거 없는 믿음을 갖는 경우가 흔하다. 한번 무공을 세운 사람이 또 전장(戰場)에 나가 공을 세우면 "나는 죽지 않는다!"는 믿음을 갖게 되는 것이다. 이것이 다름 아닌 리스크 테이킹의 행동, 즉 위험을 감수하는 행동이다.

다시 말해 위험한 일을 자꾸 하다보면 위험한 일을 그냥 감수하는 성향이 생겨난다. 우리는 고통스러운 역사의 터널을 힘을 합쳐 관통해온 전통을 여러 차례 공유하고 있는 셈이다. 위험을 감수하는 이 속성 때문에 한국인들이 나라를 좀 더 발전시켜 올 수 있었다는 것이 파이 교수의 진단이다.

위험감수의 문화는 기업가 정신으로 이어졌다. 세계적인 미래학자 피터 드러커는 파이 교수의 진단과 일맥상통한 분석을 내놓고 있다. 그는 1996년에 출간한 『넥스트 소사이어티』에서 기업가 정신이 가장 높은 나라로 한국을 꼽았다. 일제 강점기와 6.25 전쟁을 연이어 겪고서 폐허나 다름없었던 나라가 짧은 기간에 반도체, 자동차 등 여러 분야에서 세계적 수준으로 성장한 것을 높이 평가한 것이다. 드러커는 이렇게 말했다.

"영국이 250년, 미국, 독일, 프랑스가 100년 만에 이뤄낸 것을 한국은 40년 만에 해냈다. 그 원동력은 바로 기업가 정신이다."

위험감수 전략에는 말 그대로 '위험 요소'가 있을 수밖에 없다. 모든 새로운 기회는 늘 위험의 요소를 갖고 있기 마련이다. 우리는 그 길을 피하지 말고 과감하게 받아들여야 한다. 위험의 선택 없이 위대한 성과는 불가능하다. 위험을 과감히 받아들이면 성공의 길이 열릴 수 있지만 망설이다가 실천하지 못하면 언제나 정체의 늪이 도사리고 있다.

(김대중 대통령과 오부치 총리)

오부치 커미션 (Obuchi commission)

타고르 시인의 예언과 루시아 파이 교수의 예측을 뒤로 하면서, 나는 우리나라의 국가 목표에 관한 깊은 성찰을 더하고 싶다. 그 계기는 일본의 국가 목표를 다루던 오부치 커미션과의 접촉 경험이었다. 오부치 커미션은 일본의 84대 총리인 오부치 게이조(小渕惠三)가 만든 특별위원회이다.

오부치 커미션은 오부치 총리가 앞으로 일본은 어떤

길을 가야 하는지, 국가 목표로서 무엇을 지향할 것인지의 방향을 점검하기 위해 만든 것이었다. 위원회에는 일본의 노벨상 수상자, 과학자 등 여러 분야의 전문가들을 망라한 동시에 오피니언 리더들이 참여하였다.

당시는 서기 2천년을 눈앞에 둔 1990년대의 끝 무렵이었다. 세기말의 상황에서 21세기가 시작되는 2000년부터 일본의 1호 정책 방향을 무엇으로 할 것인지, 각계 의견을 종합하고 일본이 21세기에 지향할 방향을 설정한다는 기획이 좋았다.

이 위원회는 일본 내부의 의견 수렴에 그치지 않고 주변 국가의 지식인들에게도 의견을 구했다. 이웃나라의 입장에서 일본이 어떤 나라가 되기를 원하는지를 듣고 싶어 했다. 위원들은 한국에도 오고 대만, 중국에도 갔다.

오부치 커미션의 한국 간담회에 나도 참석하였다. 나는 오부치 커미션 위원들에게 이렇게 물었다.

"당신들의 생각은 무엇입니까? 일본이 어떤 나라가 돼야 한다고 생각합니까?"

그러자 이런 답변이 돌아왔다.

"두 가지 대전제가 있습니다. 하나는 21세기 일본에서도 자유민주주의 체제에는 변함이 없다는 것입니다. 다른 하나는 외교정책에서는 미국과의 우호관계를 유지한다는 것입니다. 대미 관계는 손대지 말아야 합니다."

대외정책에서 철두철미하게 미국과의 동맹 관계를 유지해야 한다는 말이 나의 귀에 꽂혔다. 자유민주주의 체제를 건드리지 않겠다는 것은 그냥 이해할 수 있었다. 그런데 미국과의 동맹관계를 그렇게 강조한 이유가 무엇인지 궁금해졌다. 짐작하건대 1985년의 '프라자 합의' 과정에서 얻은 교훈 때문인 것 같았다.

1970년대 말, 일본은 시쳇말로 경제적 호황기였다. 세계 넘버2의 경제대국이 되면서 그들은 오만해졌다. 일본은 미국을 경제적으로 압박하기 시작했다.

일본은 자본력을 앞세워 미국 전역에서 부동산과 기업들을 사들였다. 뉴욕 엠파이어스테이트 빌딩 같은 미국의 상징적 건물도 대거 사들이는 일이 벌어졌다.

하와이를 비롯해 미국 본토의 심장부인 뉴욕, 워싱턴 할 것 없이 미국의 부동산을 사들이기 시작했다. 오죽하면 "태평양 전쟁 때 무력으로 빼앗지 못한 하와이 땅을 돈으로 점령했다"는 말이 나올 정도였다. 그런 소용돌이 속에서 미국에서 "일본이 너무 경제대국이 되었다. 안되겠다!"는 자성의 목소리가 나왔다.

일본을 경제대국으로 만든 건 미국이다. 중국인민공화국이 1949년에 출범한 이후 아시아에서 소련, 중국 등 공산권 세력은 커져갔다. 미국은 동북아에서 사회주의 세력의 진출과 확장을 어떻게 막아낼 지를 고민하게 된다. 미국이 이를 직접 막는 것은 한계가 있다고 판단하여 일본을 앞세우고 미국이 일본을 지원하는 방식을 구상하였다. 일본을 전범(戰犯)국가로 몰아세우지 않고 미일 동맹관계를 맺고 일본이 경제적으로 자립할 수 있도록 지원한다는 것이 요체였다.

6·25 전쟁 때 일본을 보급기지로 만든 것은 이 기획에 따른 것이었다. 일본은 엄청난 전쟁특수를 누렸고 고속 경제성장의 기틀을 마련할 수 있었다. 미국은 중국의 아시아 패권 확장을 저지하는 과정에서 일본을 활용하였고, 일본은 그 역할에 충실하였다.

일본사람들은 왜 그렇게 생각할까?

문제는 일본을 키우다보니 미국과 일본의 경제적 이해관계에 충돌이 발생했다는 점이다. 일본이 세계 제2의 경제대국이 되고, 일본인들이 오만한 모습을 보이자 미국의 태도는 변하기 시작한다. 미국의 지도자들은 일본의 부상을 보면서 "이건 안 되겠다"고 판단하기 시작한 것이다. 미국이 최근 중국을 견제 하는 것처럼 일본에 대하여 '저팬 패싱(Japan Passing)'을 본격화하였다. 이 때 나온것이 바로 '플라자 합의'다.

1985년 9월 22일 뉴욕의 플라자 호텔에서 프랑스, 독일, 일본, 미국, 영국의 재무장관, 중앙은행총재들이 모여 환율에 관한 합의를 했는데 핵심내용은 미국 달러화의 가치를 떨어뜨리고, 반면 일본 엔화의 가치는 높이는 정책을 추진한다는 것이었다. 바로 이 플라자 합의의 여파로 일본 경제는 향후 30년 동안 엉망이 되고 말았다.

그렇게 크게 당한 이후, 일본에서는 "다시는 그런 어리석은 짓은 하지 않겠다." "두 번 다시 미국과 등지는 일은 하면 않된다."는 거대한 공감대가 형성되었다고 한다. 이에 따라 '미국과 철두철미한 동맹관계를 유지한다'는 정책이 21세기 일본의 대외정책에서 '넘버원'이 되었다.

미국의 베트남전쟁은 패배가 아니다

한편, 많은 사람들이 미국이 베트남전쟁에서 패배한 것으로 생각하는데 나는 그렇게 판단하지 않는다. 베트남에서의 미군 철수는 의도적인 전략적 조치였을 뿐, 힘이 모자라서 패배한 것은 아니었다. 즉 의도적으로 퇴각한 것이었다. 우리는 미국의 베트남 철군이 중국과 소련의 관계 악화를 초래한 사실에 주목할 필요가 있다.

당시 소련은 미국의 코앞인 쿠바에 미사일을 배치했다. 미국은 이를 막으려고 중국과의 관계개선에 시급히 나선 것이다. 이때 전략적 판단 하에 실행한 조치가 베트남에서의 미군 철수였다.

미군이 베트남에 주둔하는 한, 중국으로서는 미국이 베트남을 전진기지로 삼아 아시아에서 자신을 포위하는 것으로 볼 수밖에 없었다. 그래서 베트남에서의 철군이라는 극적인 전략적 조치를 취했던 것이다. 베트남전쟁의 종료 과정을 통하여 미국과 중국은 관계개선의 접점을 마련할 수 있었다.

미국은 소련을 견제하기 위하여 미중 관계를 개선하면서 중국을 성장시켰듯이 지난 날 일본을 성장시켰던 것도 같은 궤적으로 볼 수 있다. 미국이 중국을 도와준 것은 소련을 견제하기 위해서였고, 지금은 중국이 경제대국이 되니까 1970년대에 '저팬 패싱(Japan Passing)'으로 국면 전환을 했듯이 '차이나 패싱(China Passing)'을 하고 있는 것이다.

일본이 미국과의 동맹관계를 제1의 외교정책으로 삼는 것에 대하여 우리도 깊은 생각을 할 필요가 있다. 달러 시스템에 의한 국제금융의 지배와 군산복합체의 발전에 의한 세계 최강의 고성능 무기 등 군사력을 생각한다면 '미국의 세기'와 패권은 오랫동안 계속될 것이다. 한국은 미국과의 동맹관계를 활용하여 1인당 국민소득 5만 달러를 돌파하는 것이 급하다. 한국으로서는 미국과의 관계 발전이 경제와 안보의 양 측면에서 전략적 가치를 살리는 길이다.

[에필로그]

몇 가지 남은 생각

나는 이 책에서 여러 문제의식을 다루었으나 학술서 적에서와 같은 미세한 분석에 들어가지는 않았다. 대한민국 80년 정치사에서 중요한 주제에 초점을 맞추어 나의 직간접적인 체험과 생각을 밝혔다.

한국 정치학자들은 정치현실에 자신을 투영하는 글을 더 많이 쓰면 좋을 것 같다. 지름길이 있다고 생각되어도 에둘러 가며 다양한 체험을 쏟아내는 것이 지혜를 얻는 데 도움이 된다. 실개천이 모여 대하(大河)를 이룬다. 나 자신이 옳기 바라면 다른 사람도 옳다고 가정해야 한다. 집단지성에 이르는 과정에서 정치학자들이 자기 생각과 체험을 직설적으로 내놓는 것이 유익할 것이다. 각자의 의견이 다 옳을 수는 없고 부분적으로만 타당할 수 있음을 인정하면 어떨까. 나는 한국 정치학회 회장을 하면서 정치학자들이 자기 체험과 솔직한 의견을 개진하는 흐름을 만들어내지 못한 것에 대해 아쉬움을 갖고 있다.

나는 책에서 열린 마음으로 출발하여 열린 사유, 열린 의견을 보이고 싶었다. 쉬운 일은 아니었다. 심층적이고 사려 깊은 생각에 들어가는 과정은 종종 벽을 만난다. 편견과 감정, 경험세계를 넘어서기 쉽지 않아서

다. 나는 내 견해가 모두 옳다고는 생각하지 않으며 타당한 판단을 하려고 애는 써보았다. 나의 그림자가 남아 집단지성의 공론(公論)의 장(場)에서 도움이 된다면 수고로움에 대한 위로는 될 것 같다. 이 책은 어쩌면 잘해야 '본전치기' 내지 '절반의 성공'에 머물 터인데 이것마저도 노욕(老欲)으로 비쳐질까 두렵다.

내가 미처 다 메우지 못한 구석은 읽는 이들이 사색하고 토론하며 채우면 좋겠다. 문재인 대통령과 윤석열 대통령에 대한 여러 이야기가 머리에 맴돌지만 이것을 쓰는 것은 내 몫이 아닌 것 같다. 차제에 정치학자들이 이 책과 유형적으로 유사한 책을 풍성하게 내면 좋을 것이라 생각한다. 우리가 정치를 둘러싼 스토리텔링을 많이 할수록 혜안을 찾는 데 유리하다.

한국의 특수성에서 출발하여 보편성을 획득해나갈 때 원숙한 민주주의, 숙의(熟議) 민주주의의 모범, 표준에 이를 수 있다. 남달리 고결한 고통을 통해 도달한 한국 민주주의 역사는 누가 뭐라 해도 위대한 걸음이었다. 정치 영역은 본디 경제, 사회, 문화, 외교, 평화와 통일 등 여러 분야를 선도해야 하며, 그런 뜻에서 정치인들은 더욱 분발해야 한다.

한국 정치를 업그레이드하는 데 있어서 중용의 정치철학이 필요하다. 중용은 '중심'의 지혜를 찾기 위한 치열하고 지속적인 노력을 요구한다. 정치학자들과 정치인들이 자신의 얘기와 주장을 펼쳐가는 실마리를 이 책에서 찾는다면, 80대 중반의, 나이가 꽉 찬 정치학자로서 여한이 없겠다. 그래서 때때로 거슬리는 이야기를 자주 할 수밖에 없었다. 예전 노인들이 자주 하던 말이 있다. "지금 내 나이가 몇인데 못할 이야기가 뭐가 있겠냐!" 이런 마음으로 책을 써내려갔다.

나는 스스로 중도파라고 여겨왔다. 중도파로서의 위상과 역할을 중시한다는 뜻이다. 한국의 선거와 여론조사에서 자주 나타나는 우파적 보수성향 30-40%, 중도적 성향 20-40%, 좌파적 진보성향 30-40%의 낡은 숫자의 아성은 깨져야 한다. 20:60:20의 새로운 매직 숫자로 전환하면 좋을 것 같다. 그러자면 보수-진보 간의 논쟁이 불가피하다. 합리적 보수의 10-20%와 합리적 진보의 10-20%가 중도적 성향으로 돌아선다면 한국 민주주의에서 '혁신의 기회'를 만들 수 있다. 보수와 진보, 어느 쪽도 중도적 성향(합리적 판단 층이 늘어난다고 가정한다)의 지지 없이 선거에 이긴다는 것을 상상조차 할 수 없게 될 것이기 때문이다.

논쟁은 생산적이고 정책적이어야 한다. 상대측에 대한 관용이 있어야 한다. 현대 정치사의 실제 체험을 바탕으로 한 것이어야 하고 실사구시(實事求是)적이어야 한다. 관념적 이념투쟁은 종지부를 찍는 게 바람직하다. 그러려면 언론의 건전한 역할이 필요하고, 정치학자들이 더 정직한 이야기를 쏟아내야 한다.

공중파와 케이블방송, 그리고 다종다양한 유튜브의 시사토론에서처럼 그날 벌어진 일에 집중하는 데서 나타나는 단견에서 벗어나면 좋을 것 같다. 시사(時事)를 다루는 전문가는 한국 민주주의 역사와 남남갈등의 정치사를 깊이 있게 공부하면 좋을 것이다. 이 책이 그에 필요한 여러 암시를 담았기 바란다.

나는 '외로운 중도파'라고 생각하며 살아왔다. 책의 곳곳에서 보수의 냄새를 맡는 독자들이 더 많을지 모르겠지만 그럼에도 불구하고 이 책에서 보수와 진보가 모두 통찰을 얻기 바란다. 독서의 기회에 자신의 정치적 견해와 궤적을 되돌아보기 바란다. 성찰과 통찰은 한 꾸러미이다.

정치의 도덕운동이 필요하다

　남남갈등이라고 하면 흔히 영남·호남 간의 지역갈등이나 청년세대와 장년세대 간의 세대갈등, 빈부격차에서 오는 계층갈등 정도로 인식하는 경우가 많다.

　나는 살육 행위를 기원으로 하는 폭력적인 남남갈등에 주목해왔다. 현대사에서 남남갈등의 시작은 제주 4·3사건이었다. 이 사건은 처음부터 살육 행위로 얼룩졌다. 이 사건은 여수순천 반란사건으로 이어지면서 전면적인 폭력의 양상을 띠었다.

　6.25는 이념갈등에 의한 살육을 심화시켰다. 그런 가운데 남과 북의 주민들은 점령지의 군대가 어느 쪽이냐에 따라 평소의 악감정에 따른 사적인 복수를 감행하기도 했다. 한국전쟁 당시 민간인 사망자 숫자가 많았던 배경에는 이러한 원인도 작용하였다. 1980년 5월 전두환이 광주에서 학살극을 감행한 역사적 연원을 따지다보면 어쩌면 제주 4·3사건과 여수순천 반란 같은 역사적 남남갈등의 폭력이 존재했기 때문인지도 모른다.

우리는 아픔의 역사를 덮어두려고만 한 것은 아닌지 돌아볼 필요가 있다. 남남갈등이 대놓고 드러내기엔 너무나 치명적인 상처였기에 그랬을까? 우리는 남남갈등의 기원과 현실을 숨기고 덮어두는 데에 급급해 왔고 이러한 은폐의 태도 때문에 갈등이 더 깊어지지 않았을까?

오늘날 우리 정치는 거짓이든 선동이든 상대방을 헐뜯고 짓밟으면서 자신들을 정당화시키는 단계에 이르렀다. 수단과 방법을 가리지 않고 권력만 잡으면 모든 것이 합리화되는, 한심한 '정치만능주의'에 빠진 것이다. 도덕이나 공적 가치가 아닌 '자신과 자기 진영의 이익'을 정치 활동의 목표로 삼는 순간 국가의 미래는 암담해진다.

우리는 남남갈등이야말로 덮고 지나갈 문제가 아니라 끄집어내어 해결책을 찾아야 할 현안임을 인식해야 한다. 갈등의 객관적 현실을 인정하고 냉정하게 성찰할 필요가 있다.

정치 영역에서 소모적이고 파괴적인 갈등을 넘어서려면 그 주체들이 정치를 '도덕의 관점'에서 바라보는 노력이 필요하다. 나는 정치적 도덕운동이 필요하다는 것을 역설하고 싶다. 뿌리 깊은 남남갈등을 해소하려면 진보든 보수든, 좌익이든 우익이든 정치적 도덕운동을 선행시켜야 한다. 서로에 대한 증오로 세상을 보지 말고, 거짓의 정치, 미움의 정치를 벗어나 성찰의 정치, 도덕의 정치를 전개해야 한다.

산소 호흡기를 낀 채 죽어가는 정치를 살리기 위해서는 정치적 도덕운동이 반드시 필요하다. 무(無)윤리의 늪에 빠진 우리 사회에서 도덕을 정치의 기준으로 새롭게 정립하는 운동이야말로 정치의 복원력을 살리는 원동력이 될 것이다.

갈등을 넘어

이 책에는 답답하고 우울한 지점, 불행한 과거라고 생각되는 지점이 많다고 독자들은 생각할 것이다. 이것이 '우리 자화상'이라는 사실을 잊지 않으면 좋겠다. 나는 이 책을 쓰는 내내 낙관과 희망을 버리지 않으려고 하였다. 책을 계기로 정치학자들, 정치인들이 부끄러움과 자책의 대열에 서기 보다는 '근거 있는' 낙관과 희망의 줄에 서기를 기대한다.

 남남갈등은 앞으로 오래갈지 모른다. 보수-진보(이념·권력) 간극, 빈부격차, 지역차별, 세대갈등 등 남남갈등의 요소는 많다. 세대가 바뀐다고 쉽사리 해소될 문제는 아니다. 희망의 끈을 놓지 않고 그 해소의 길을 계속 걷다보면 조금씩 앞으로 나아갈 것이다. 원숙한 민주주의와 평화적 통일은 남남갈등의 치유라는 바탕 위에서만 가능하다.

 국민들 속에서, 새 세대 정치인들 속에서 남남갈등을 치유하려고 발 벗고 나서는 이들이 많이 나오길 바란다. 다음 세대는 생각과 마음이 열려야 한다. 남남갈등은 축구로 말하면 '자책골' '자살골' 같은 것이다. 고사성어 어부지리(漁父之利)의 의미다. 도요새와 조개가 다투는 사이에 어부가 이익을 얻는다.

 나의 세대가 못다 한 일을 다음 세대가 해내기를 소망한다. 서산에 해가 뉘엿뉘엿 지는데 길 가던 나그네는 여명을 뚫고 솟아오르는 아침 해를 마음으로 그린다.

부록

1. 박근혜 대통령, 미국상하원 합동의회연설 전문
2. 유세희 교수, EU의회 연설문 전문 (원문)
3. 유세희 교수, EU의회 연설문 전문 (번역문)
4. 저자 유세희 약력

박근혜 대통령, 미국 의회 연설 〈全文〉

2013년 5월 9일

존경하는 베이너 하원의장님,
바이든 부통령님,
상하원 의원 여러분,
그리고 내외 귀빈 여러분,

자유와 민주주의를 상징하는 미국 의회 의사당에서 한국과 미국의 우정과 미래에 대해 연설할 수 있는 기회를 갖게 되어 매우 기쁘게 생각합니다.

그제 저는 워싱턴에 도착해서 포토맥 강변에 조성된 한국전쟁 기념공원을 찾았습니다.

"알지도 못하는 나라, 만나보지도 못한 사람들을 지켜야 한다는 국가의 부름에 응한 미국의 아들과 딸들에게 미국은 경의를 표한다."

한국전 참전기념비에 새겨진 이 비문은 매번 방문할 때마다 깊은 감명을 줍니다.

자유와 민주주의라는 인류 보편의 가치를 수호하기 위해 피와 땀과 눈물을 바친 참전용사들에게 대한민국 국민을 대신해서 깊이 감사드립니다. 이 자리에 함께 하고 계신 참전용사 네 분, 존 코니어스 의원님, 찰스 랑겔 의원님, 샘 존슨 의원님, 하워드 코블 의원님께도 진심으로 감사의 말씀을 드립니다.

1953년 6·25전쟁의 총성이 멈추었을 당시 1인당 국민소득 67불의 세계 최빈국이었던 한국은 이제 세계 5위의 자동차 생산국이자 무역규모 세계 8위의 국가로 성장했습니다.

세계인들은 이런 대한민국의 역사를 '한강의 기적'이라고 부르고 있습니다.

그러나 대한민국 국민들은 이것을 기적이라고 생각하지 않습니다.

그런 성취의 역사를 만들기 위해 한국인들은 독일의 광산에서, 월남의 정글에서, 열사의 중동 사막에서 많은 땀을 흘려야 했고 혼신의 힘을 다했습니다.

저는 오늘의 대한민국을 만든 대한민국 국민들이 존경스럽고 그 국민들의 대통령이 된 것에 자부심을 느끼고 있습니다.

그리고 자랑스런 한국 국민들과 함께 경제부흥과 국민행복, 문화융성, 평화통일 기반구축이라는 4대 국정기조를 통해 또 다른 '제2의 한강의 기적'을 이룰 것입니다.

우리가 여기까지 올 수 있도록 도운 좋은 친구들이 있었습니다.

특히 미국은 가장 가깝고 좋은 친구였습니다. 저는 미국의 우정에 깊이 감사하며 이렇게 소중한 역사를 공유해 온 한국과 미국이 앞으로 만들어 갈 새로운 역사가 기대됩니다. 그 토대가 되어온 한미 동맹이 올해로 60주년이 되었습니다.

오늘 저는 여러분에게 한미 동맹의 60년을 웅변하는 한 가족을 소개해 드리고자 합니다. 데이비드 모건 중령과 아버지 존 모건 씨입니다. 모건 중령의 할아버지 고 워렌 모건 씨는 6·25 전쟁에 참전해 해군 예비군 지휘관으로 활약했습니다. 아버지 존 모건 씨는 미 213 야전포병대대 포병중대장으로 6·25 전쟁에 참전했습니다. 모건 중령도 1992년과 2005년 두 번에 걸쳐 주한미군에서 근무하였습니다. 3대가 함께 한국의 안보를 지켜낸 모건가족은 한미 동맹 60년의 산 증인입니다.

저는 대한민국 대통령으로서 모건 가족을 비롯한 미국인들의 헌신과 우정에 깊은 감사의 박수를 드립니다.

이제 우리의 소중한 한미 동맹은 보다 밝은 세계, 보

다 나은 미래를 향해 나아가고 있습니다. 공동의 가치와 신뢰를 바탕으로 지구촌 곳곳에서 협력의 벽돌을 쌓아 가고 있습니다. 이라크에서 그리고 아프가니스탄에서 한국은 미국과 함께 평화정착과 재건의 임무를 수행해 왔습니다.

2010년 미국에 이어 2012년 서울에서 제2차 핵안보 정상회의를 개최하여 '핵무기 없는 세상'을 구현하려는 의지와 비전을 확인했습니다.

오바마 대통령의 '핵무기 없는 세상'의 비전은 한반도에서부터 시작되어야 할 것입니다. 세계 유일의 분단국가이고 핵무기의 직접적인 위협 속에 놓여 있는 한반도야말로 핵무기 없는 세상을 만드는 시범지역이 될 수 있고 여기서 성공한다면 핵무기 없는 세상을 만들 수 있을 것입니다. 한국은 확고한 비확산 원칙하에 원자력의 평화적 이용을 추구하고 있습니다.

한국과 미국은 세계 원자력 시장에 공동 진출하고 있고 앞으로 선진적이고 호혜적으로 한미 원자력협정이 개정된다면 양국의 원자력 산업에 큰 도움이 될 것입니다.

우리의 이러한 파트너십은 개발협력분야에까지 확대되어 나가고 있습니다. 봉사단 규모에서 세계 1위인 미국과 한국이 어깨를 나란히 하면서 개발도상국의 발전을 돕기 위해 노력해 나갈 것입니다.

2011년 KOICA와 USAID가 협력 MOU를 체결한 데 이어, Peace Corps와 KOICA가 협력 MOU를 체결하게 될 것입니다.

작년 3월에 발효된 한미 FTA는 한미 동맹을 경제를 포함한 포괄적 전략동맹으로 발전시키는 계기가 되었습니다.

이에 더하여 현재 미 의회에 계류 중인 한국에 대한 전문직 비자쿼터 관련 법안이 통과되면 양국의 일자리 창출에도 크게 기여하게 되고 FTA로 인해 양국 국민들이 실질적인 혜택을 입는다는 것을 체감하는 좋은 계기가 될 것입니다. 미 의회의 적극적인 관심과 지원을 당부드립니다.

또한, 한미 FTA는 동아시아와 북미를 연결하는 가교로서 아시아 태평양이 하나의 시장으로 발전해 나갈 수 있는 중요한 기회를 제공하고 있으며 미국의 아시아 재균형 정책의 중요한 축이 되고 있습니다.

이처럼 한미 동맹은 21세기 포괄적 전략동맹으로 진화하고 있습니다.

존경하는 상하원 의원 여러분
그리고 내외 귀빈 여러분,

이제 저는 한국과 미국이 만들어 나아갈 우리의 미래(Our Future Together)에 대해 이야기하고자 합니다.

저는 어제 오바마 대통령과 정상회담을 갖고 한미동맹 60주년 기념 공동선언을 채택하였습니다.

지난 60년간 이룩한 위대한 성과를 바탕으로 한반도의 평화와 동북아의 협력, 나아가 지구촌의 번영을 위해 함께 노력할 것을 선언하였습니다.

저는 한국과 미국이 함께 만들어갔으면 하는 3가지의 비전과 목표를 가지고 있습니다.

그 첫째는 한반도의 평화와 통일기반을 구축하는 것입니다.

지금 북한은 장거리 미사일 발사와 핵실험 등 지속적인 도발 위협으로 한반도와 세계 평화를 흔들고 있습니다.

한국 정부는 강력한 안보태세를 유지하고, 미국을 비롯한 국제사회와의 굳건한 공조를 강화하면서 차분하게 대응을 하고 있습니다.

한국 경제와 금융시장도 안정을 유지하고 있고 국내

외 기업들도 투자확대 계획을 잇달아 발표하고 있습니다.

굳건한 한미 동맹을 토대로, 한국 경제의 튼튼한 펀더멘탈과 한국 정부의 위기관리 역량이 지속되는 한 북한의 도발은 절대로 성공할 수 없을 것입니다.

저는 한반도에 평화를 정착시키고 평화통일의 기반을 구축하기 위해 한반도 신뢰프로세스를 견지해 나갈 것입니다.

한반도 신뢰프로세스는 북한의 핵은 절대 용납할 수 없고 북한의 도발에는 단호하게 대응하되 영유아 등 북한주민에 대한 인도적 지원은 정치상황과 관련 없이 해나가는 것입니다.

그리고 남북한 간의 점진적인 교류와 협력을 통해 신뢰를 축적해 감으로써 지속가능한 평화를 만들어 나가고 평화통일의 기반을 구축하는 것입니다.

그러나, 한국 속담에 손뼉도 마주 쳐야 소리가 난다는 말처럼 신뢰구축은 어느 한 쪽의 노력만으로는 이루어질 수 없습니다.

그동안은 북한이 도발로 위기를 조성하면 일정기간 제재를 하다가 적당히 타협해서 보상을 해주는 잘못된 관행이 반복되어 왔습니다.

그러는 사이에 북한의 핵개발 능력은 더욱 고도화되고 불확실성이 계속되어 왔습니다. 이제 그런 악순환의 고리를 끊어야 합니다. 지금 북한은 핵보유와 경제발전의 동시 달성이라는 실현 불가능한 목표를 세웠습니다.

북한 지도부는 확실히 깨달아야 합니다. 국가의 안전을 보장하는 것은 핵무기가 아니라 바로 국민 삶의 증진과 국민의 행복인 것입니다. 북한은 국제사회의 책임 있는 일원이 되는 방향으로 올바른 선택을 해야 합니다.

그리고 북한이 스스로 그런 선택을 하도록 국제사회는 하나의 목소리로 분명하고 일관된 메시지를 보내야 합니다.

그래야만 남북관계도 실질적으로 발전할 수 있고 한반도와 동북아의 항구적인 평화가 구축될 수 있을 것입니다.

60년 전, 남북한 간의 군사충돌을 막기 위해 설치된 비무장지대(DMZ)는 현재 세계에서 가장 중무장된 지역이 되었습니다.

한반도에서 비무장지대를 사이에 둔 대치는 이제 세계평화에 큰 위협이 되고 있습니다. 이 위협은 남북한만이 아니라, 세계와 함께 풀어야 하고, 이제 DMZ는 세계평화에 기여하는 진정한 비무장지대가 되어야 한다고 생각합니다.

저는 한반도 신뢰프로세스를 유지해 나가면서 DMZ 내에 세계평화공원을 만들고 싶습니다. 그곳에서 평화와 신뢰가 자라나는 계기가 되었으면 합니다. 군사분계선으로 갈라져있는 한국인들만이 아니라 세계인들이 평화의 공간에서 함께 만나게 되길 희망합니다.

그 날을 위해 미국과 세계가 우리와 함께 나서주길 바랍니다.

존경하는 상하원 의원 여러분,

한미 동맹이 나아갈 두 번째 여정은 동북아 지역에 평화 협력 체제를 구축하는 길입니다. 오늘까지도 동북아 지역은 협력의 잠재력을 극대화시키지 못하고 있습니다.

역내 국가의 경제적 역량과 상호의존은 하루가 다르게 증대하고 있으나 과거사로부터 비롯된 갈등은 더욱 심화되고 있습니다.

역사에 눈을 감는 자는 미래를 보지 못한다고 했습니다. 역사에 대한 올바른 인식을 갖지 못하는 것은 오늘의 문제이기도 하지만 더 큰 문제는 내일이 없다는 것입니다.

미래 아시아에서의 새로운 질서는 역내 국가 간 경제적 상호의존의 증대에도 불구하고 정치와 안보협력은 뒤처져 있는 소위 '아시아 패러독스' 현상을 우리가 어떻게 관리하느냐에 따라 결정될 것입니다.

저는 이러한 도전들을 극복하기 위한 비전으로 동북아 평화 협력 구상을 추진하고자 합니다.

미국을 포함한 동북아 국가들이 환경, 재난구조, 원자력안전, 테러 대응 등 연성 이슈부터 대화와 협력을 통해 신뢰를 쌓고, 점차 다른 분야까지 협력의 범위를 넓혀가는 동북아 다자간 대화 프로세스를 시작할 때가 되었습니다.

이러한 구상은 한미 동맹을 바탕으로 이 지역의 평화와 공동발전에 기여할 수 있다는 점에서, 오바마 대통령의 아시아 재균형 정책과도 시너지 효과를 가져 올 것입니다. 여기에는 북한도 참여할 수 있을 것입니다.

이처럼 공동의 이익이 될 수 있는 부분부터 함께 노력해 나가면 나중에 더 큰 문제와 갈등들도 호혜적 입장에서 풀어갈 수 있을 것입니다. 저는 동북아 지역에서의 새로운 협력 프로세스를 만들어 나가는 데 한미 양국이 함께 할 것으로 굳게 믿습니다.

한미 동맹이 나아갈 세 번째 여정은 지구촌의 이웃들이 평화와 번영을 누릴 수 있도록 하는데 기여하는 것입니다.

저는 취임사에서 한국 국민, 한반도, 나아가 지구촌의 행복실현을 국정비전으로 제시하였습니다. 미국 독립선언서에 새겨진 행복추구권은 대한민국 헌법에도 명시되어 있습니다. 저는 오랫동안 한미 동맹의 궁극적인 목표는 전 인류의 행복에 기여하는데 있어야 한다고 믿어왔습니다.

한미 양국은 이러한 정신 아래 평화와 자유 수호의 현장에서 함께하고 있습니다. 테러대응, 핵 비확산, 국제금융위기와 같은 글로벌 이슈에서도 양국의 공조는 더욱 확대되고 있습니다.

이에 그치지 않고 한미 양국이 앞으로도 자유, 인권, 법치 등 인류의 보편적 가치를 확산하고 빈곤 퇴치, 기후변화, 환경 등 글로벌 이슈에 공동대처하는 데 있어서도 계속해서 함께 해 나갈 것입니다.

존경하는 상하원 의원 여러분
그리고 내외 귀빈 여러분,

한국과 미국은 한국전 이후 북한의 위협과 도발에 대응하면서 한반도에서 자유와 평화를 수호하기 위해 함께 노력해 왔습니다.

이제 한미동맹은 한반도에서의 자유와 평화 수호에

서 한 걸음 더 나아가 남북한 모두가 평화롭고 행복한 통일 한국을 향한 여정을 함께 나설 때가 되었습니다.

한국과 미국의 경제협력도 이제는 한 단계 더 높고 미래지향적인 단계로 나가야 합니다.

오바마 대통령께서 제시한 Startup America Initiative, 대한민국의 창조경제 국정전략은 한국과 미국의 젊은이들이 새로운 아이디어, 뜨거운 열정과 도전으로 밝은 미래를 개척해 갈 디딤돌이 될 것입니다.

지금도 한미 양국은 K-POP 가수의 월드투어에서, 할리우드 영화에서, 중동의 재건현장에서 함께 뛰고 있습니다. 한국과 미국이 함께 하는 미래는 삶을 더 풍요롭게 지구를 더 안전하게 인류를 더 행복하게 만들 것이라고 확신합니다.

한미양국과 지구촌의 자유와 평화, 미래와 희망을 향한 우정의 합창은 지난 60년간 쉼 없이 울려 퍼졌고 앞으로도 멈추지 않을 것입니다.

감사합니다.

북한인권 관련 유럽의회 연설 (영어 원문)

European Parliament Hearing on Human Rights and Refugees: The North Korean Problem

23 March 2006

As one who shares ethnic kinship with the people of North Korea, I would like to offer my heartfelt gratitude to the E.U. Human Rights Commission and the European Parliament as well as the various human rights organizations for their interest shown in the human rights issues of North Korea. It is especially meaningful that this meeting is being held in Europe, which may rightly be called the cradle of democracy, to discuss the human rights problem of North Korea, which is one of the most egregiously ruthless anti-human rights offenders remaining in our time.

Europe has a long tradition of respect for the

human rights. It witnessed formation of the coalition against totalitarianism during the Spanish Civil War in the 1930s and brought about the acceptance of the concept of human rights by the Soviet and the East European regimes through "the Helsinki Process" in 1975. The E.U and the NGOs of Europe played the leading roles, as the UN Human Rights Commission on three occasions and the UN general Assembly last year passed resolutions on human rights in North Korea.

The efforts of the US to improve human rights condition in North Korea, including the Act of 2004 on the Human Rights in North Korea, are being attacked as attempts to destabilize the North Korean regime, not only by North Korea, but also by some pro-North elements in the South.

They are claiming that the US is raising the human rights issue in North Korea only to destabilize the North Korean regime, out of frustrations in failing to resolve the North Korean nuclear problem.

Absence of a military confrontation or a direct stake in the nuclear issue against North Korea makes European position on human rights in North

Korea free from any such groundless accusations. In these circumstances, the efforts made by Europe are all the more important. The atrocities of human rights violations in North Korea are hard to find the equals as the testimony by the expatriates from the North vividly demonstrate.

The most fundamental rights of democracy such as a choice of government and the freedom of speech are simply denied and the 20 million residents, except the Kim Jung Il family, are forced to live the life of a slave.

The concentration camps for the political prisoners in North Korea are often compared in its barbarousness to the Auschwitz of Nazi Germany. It is a uniquely North Korean phenomenon today that regardless of one's position, high and low, every citizen of North Korea is suffering from deprivation of even the most basic human rights. Even those in the highest circle live under a constant fear knowing that, with just one word from Kim Jung Il, one can swiftly be dispatched to such a camp.

The entire country is one gigantic prison deprived even of the most basic rights. But the supporters or the sympathizers of the North claim that raising the issue of the human rights problem in North Korea tantamount to interference in its domestic affairs akin to meddling in one's neighbor's domestic disputes.

If we witness our neighbor denying food to his children and beating them up, do we close our eyes and simply say it's not a matter of our own concern? If such a situation were to unfold in our neighbor's household, the children could at least run away. But the North Korean people do not have such an option.

The fact that our residents of North Korea today are forced to endure such draconian lives is an affront to all mankind. We should all feel ashamed of the situation and I believe it to be our common duty to resolve this issue.

As you know South Korean government has been either absent or abstaining at every proceeding of at the UN Human Rights Commission where a resolution calling for correction of human rights violation in North Korea was adopted.

Last year, at the General Assembly, it abstained

once again at the passage of human rights resolution. They claim that raising this issue is not only detrimental to improving the relationship between the North and the South, but it could also worsen the human rights condition in North Korea.

They further claim that we could improve the human rights in the North only by improving the North Korea's lot through economic assistance. But it is patently clear that due to the singular character of the North Korean regime of Kim Jung Il, it would be unwise to expect improvement in human rights if economy were to improve.

Recently as the food supply situation improved slightly, North Korea scrapped the market oriented food distribution system and reverted back to rationing, indicating that the regime is uninterested in economic reform or opening.

They even ordered the humanitarian aid groups from abroad pack up and leave. In truth, we do not know whether the humanitarian aids are in fact reaching the North Korean residents. We have, therefore, been demanding to the South Korea government that it link its economic assistance to the North with the progress in human rights.

Since the International Forum on Human Rights in North Korea held in Seoul last December, the South Korean government, which has been shunning to link the aids with human rights, seems to be showing a slight change in its attitude. I believe this is one of the fruits of our December meeting.

As interests in North Korea's human rights and criticisms of North Korean regime are spread wider, the South Korean government is beginning to show a slight sign of changes by beginning to consider the linking aids with releases of abducted Korean nationals and military prisoners of war.

As North Korean regime has been ruling with unrestrained absolute power over half a century, it would be an exercise in fantasy to expect that the North Korea would someday reform itself. Only through pressure by the broad international coalition and opposition alone, we could bring about changes.

We also learned the importance of the international coalition through our own experience in Seoul. In the 70s and 80s, South Korea received international assistance in its process of democratization. But in the North, where the slightest offence against the regime would result in punitive reprisals to the individual's family for three generations, the attention and help from outside are all the more critical.

I firmly believe that in spite the pervasive control in flow of information, the signs of international pressures to improve the human rights would reach the North Korean populace and kindle their hopes.

As with all other dictatorial regimes, Kim Jung Il's regime can not simply close its eyes to the international pressure.

As an example, when the issue of the prison camp was loudly raised, they closed some of those camps and some retaliatory actions against the family members of defectors were withheld, even through these were merely deceptional temporary gestures.

Their admission of kidnapping and return of a few to Japan in the face of persistent pressure by Japanese civilians as well as its government are small yet important accomplishments.

I hope that this hearing serves as a catalyst to

further broaden and strengthen the international alliance for human rights in North Korea.

We, in turn, promise that the human rights organizations in Korea would stand at the point and lead the charge. It might have been shocking that some Koreans who blindly follow Kim Jung Il's lead opened a campaign against this proceeding.

As a fellow Korean I cannot hide my sense of shame but I can assure you that they do not voice the position of the majority of South Korean people and their demonstration receives no support of the public opinion. The misguided few cannot detract the cause of justice.

Thank you.

Se Hee Yoo
Head of South Korean Delegation and
Emeritus Professor of Hanyang University, Seoul, Korea

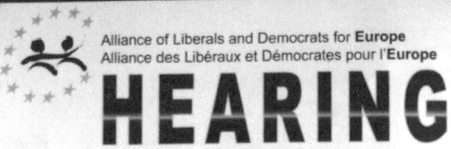

(유럽의회 북한인권 청문회 당시 포스터)

북한인권 관련 유럽의회 연설 (번역문)
-인권과 난민에 관한 유럽의회 청문회: 북한 문제

2006년 3월 23일

저는 북한 주민들과 민족적 동질성을 공유하고 있는 한 사람으로서, 북한 인권 문제에 관심을 보여준 유럽연합 인권위원회와 유럽의회, 그리고 여러 인권 단체들에게 진심으로 감사의 말씀을 드립니다. 특히 민주주의의 요람이라 할 수 있는 유럽에서 현존하는 가장 잔혹한 반인권 범죄국인 북한의 인권 문제를 논의하는 이번 회의가 열리게 된 것을 매우 뜻깊게 생각합니다.

유럽은 인권을 존중하는 오랜 전통을 가지고 있습니다. 1930년대 스페인 내전 당시 전체주의에 반대하는 연합을 결성했고, 1975년 '헬싱키 프로세스'를 통해 소련과 동유럽 정권이 인권 개념을 받아들이게 했습니다. 세 차례에 걸친 유엔 인권위원회와 지난해 유엔 총회에서 북한 인권 결의안이 통과되는 등 유럽연합과 유럽의 비정부기구들이 주도적인 역할을 했습니다.

2004년 북한인권법 등 북한 인권 개선을 위한 미국의 노력은 북한뿐만 아니라 남한 내 일부 친북 세력으로부터도 북한 정권을 불안정하게 하려는 시도라는 공격을 받고 있습니다. 이들은 미국이 북핵 문제 해결에 실패한 좌절감으로 북한 정권을 불안정하게 만들기 위해 북한 인권 문제를 제기하고 있다고 주장하고 있습니다.

북한과 군사적으로 대치하거나 핵 문제와 직접적인 이해관계가 없는 유럽은 북한 인권에 대한 이러한 근거 없는 비난에서 자유로울 수 있습니다. 이러한 상황에서 유럽의 노력은 더욱 중요하며, 북한에서 벌어지는 인권 침해의 잔혹성은 탈북자들의 증언이 생생하게 보여주고 있듯이 대등함을 찾기 어렵습니다. 정부 선택권과 언론의 자유 등 민주주의의 가장 기본적인 권리가 부정되고 김정일 일가를 제외한 2천만 주민들은 노예의 삶을 강요당하고 있습니다.

북한의 정치범 수용소는 그 야만성으로 인해 나치 독일의 아우슈비츠와 비교되기도 합니다. 지위 고하를 막론하고 모든 북한 주민이 가장 기본적인 인권조차 박탈당하고 있는 것은 오늘날 북한만의 독특한 현상입니다. 최고위층에 있는 사람들조차도 김정일의 말 한마디에 순식간에 수용소로 끌려갈 수 있다는 두려움 속에 살고 있습니다.

수용소. 북한 전체가 가장 기본적인 권리조차 박탈당한 하나의 거대한 감옥입니다. 그러나 북한을 지지하거나 동조하는 사람들은 북한의 인권 문제를 제기하는 것은 이웃의 내정에 간섭하는 것과 같은 내정 간섭에 해당한다고 주장합니다. 이웃이 자신의 자녀에게 식량을 주지 않고 구타하는 것을 목격했을 때, 우리는 눈을 감고 내 문제가 아니라고 말할 수 있을까요? 이웃집에서 그런 상황이 벌어진다면 적어도 아이들은 도망칠 수 있을 것입니다.

하지만 북한 주민들에게는 그런 선택권이 없습니다. 오늘날 북한 주민들이 이런 참혹한 삶을 견뎌야 한다는 사실은 전 인류에 대한 모욕입니다. 우리 모두는 이러한 상황에 대해 부끄러움을 느껴야 하며, 이 문제를 해결하는 것이 우리 모두의 공통된 의무라고 생각합니다.

아시다시피 한국 정부는 북한 인권 침해 시정을 촉구하는 결의안이 채택되는 유엔 인권위원회의 모든 절차에 불참하거나 기권해 왔습니다. 작년 총회에서도 인권 결의안 통과에 또다시 기권했습니다. 이들은 이 문제를 제기하는 것이 남북 관계 개선에 해로울 뿐만 아니라 북한의 인권 상황을 악화시킬 수 있다고 주장합니다. 또한 경제 지원을 통해 북한의 상황을 개선해야만 북한의 인권을 개선할 수 있다고 주장합니다.

그러나 김정일이라는 북한 정권의 특성상 경제가 개

선된다고 해서 인권이 개선될 것이라고 기대하는 것은 현명하지 못하다는 것은 명백한 사실입니다. 최근 북한은 식량 공급 상황이 다소 개선되자 시장 중심의 식량 배급 시스템을 폐기하고 다시 배급제로 회귀하는 등 경제 개혁이나 개방에 관심이 없음을 드러내고 있습니다. 심지어 해외 인도주의 지원 단체에 짐을 싸서 떠나라고 명령하기도 했습니다. 사실 인도적 지원이 북한 주민들에게 실제로 전달되고 있는지는 알 수 없습니다. 그래서 우리는 한국 정부에 대북 경제 지원과 인권 개선을 연계할 것을 요구해왔습니다.

지난해 12월 서울에서 열린 북한인권 국제포럼 이후 대북지원과 인권의 연계를 외면하던 한국 정부가 조금씩 태도 변화를 보이고 있는 것 같습니다. 저는 이것이 12월 회의의 결실 중 하나라고 생각합니다. 북한 인권에 대한 관심과 북한 정권에 대한 비판이 확산되면서 한국 정부도 납북된 우리 국민과 국군 포로 석방과 대북 지원을 연계하는 방안을 검토하기 시작하는 등 조금씩 변화의 조짐을 보이고 있습니다.

반세기 넘게 무소불위의 절대 권력으로 통치해 온 북한 정권이 언젠가는 스스로 개혁할 것이라고 기대하는 것은 환상에 불과합니다. 광범위한 국제 연합과 야당의 압박만이 변화를 이끌어낼 수 있습니다. 우리는 또한 서울에서의 경험을 통해 국제 연합의 중요성을 배웠습니다. 70년대와 80년대에 한국은 민주화 과정에서 국제사회의 지원을 받았습니다. 하지만 북한에서는 정권에 대한 사소한 공격이 개인의 가족에게 3대에 걸쳐 징벌적 보복을 가할 수 있기 때문에 외부의 관심과 도움이 더욱 절실합니다.

저는 정보의 흐름이 통제되고 있음에도 불구하고 인권 개선을 위한 국제사회의 압박이 북한 주민들에게 전달되어 희망의 불씨를 지필 수 있을 것이라고 굳게 믿습니다. 다른 모든 독재 정권과 마찬가지로 김정일 정권도 국제사회의 압력에 마냥 눈을 감을 수는 없습니다.

예를 들어, 수용소 문제가 크게 제기되자 일부 수용소를 폐쇄하고 탈북자 가족에 대한 보복 조치를 보류했지만 이는 기만적인 일시적 제스처에 불과했습니다. 일본 민간인과 일본 정부의 지속적인 압력에도 불구하고 납치 사실을 인정하고 일부 탈북자를 일본으로 돌려보낸 것은 작지만 중요한 성과입니다. 이번 청문회가 북한 인권을 위한 국제적 동맹을 더욱 확대하고 강화하는 촉매제가 되기를 바랍니다.

한국의 인권단체들도 그 중심에 서서 앞장서서 노력할 것을 약속드립니다. 김정일을 맹목적으로 추종하는 일부 한국인들이 이 절차에 반대하는 캠페인을 벌인 것은 충격적인 일이 아닐 수 없습니다.

  같은 한국인으로서 부끄러움을 감출 수 없지만, 그들이 한국 국민 대다수의 입장을 대변하지 않으며 그들의 시위는 국민 여론의 지지를 받지 못한다고 단언할 수 있습니다. 잘못된 소수가 정의의 대의를 훼손할 수는 없습니다. 감사합니다.

유세희
한국 대표단장 겸
한양대학교 명예교수, 서울, 대한민국

저자 유세희(柳世熙) 약력

1940.5.8. 서울 중구에서 2남2녀 중 차남으로 출생

1958년 서울 경기고등학교 졸업, 서울대학교 문리과대학 정치학과 입학

1960년 정치학과 3학년 재학중 4·19민주혁명 참여, 선언문과 격문 작성조장(1963.4·19. 4·19혁명 유공으로 건국포장 수훈)

1962년 2월 서울대학교 문리대 정치학과 졸업, 8월 육군 입대.

1965년 3월, 병장으로 만기제대

1965.9 서울대학교 대학원 정치학석사, UN한국협회 조사부장, 성균관대 행정학과 강사

1967년 9월 미국 Columbia 대학교 School of International Affairs(SIA)에 Alice Statten 장학생으로 입학

1968.6.16. Columbia 대학교 St. Paul Chapel에서 김문자와 결혼

1969년 6월 SIA의 국제정치학석사(MIA)

1974. 3. 5. Columbia 대학교 대학원 정치학과 정치학박사(Ph.D.)
* 학위논문: The Korean Communist Movement and the Peasantry Under Japanese Rule (일제강점기의 조선 공산주의운동과 농민)
1974.3.18. 한양대학교 법정대학 정치외교학과 조교수 부임. (이후 31년간 강의와 연구를 하며 중국문제연구소장, 중소연구소장, 사회과학대학장, 아태지역학대학원장, 부총장 등 역임.)
1992.11.24. 수교훈장 창의장 수훈 (한소수교와 한중수교에 유공)
2005.8.31. 한양대학교 정년퇴임. 옥조 근정훈장 수훈 (교육공로)

학술활동 (국내)

한국정치학회장(1995),
한국공산권연구협의회장(1988-1990)

학술활동 (국외)

컬럼비아대학 대학원 초빙교수(1988.1-12, 강의명: 한국의 정치와 대외정책),
컬럼비아대학 동아연구소 초빙연구학자(Research

Scholar: 2000.8.-2001.8)
미국 캔사스주립대학 초빙교수(1980.1.-6.)
러시아 과학원 극동문제연구소 명예박사(1994.1.21.)
中國黑龍江大學 經濟學院: 동북아연구소 명예이사 및 客座教授
中國社會科學院 季刊 當代韓國 한국측 편집위원(1993)
中國四川省 社會科學院 客座研究員(1994.11.)

기타 활동
1981-1992 국토통일원/ 통일원 정책자문위원
1990-2023 한국전략문제연구소 이사
1994-1996 컬럼비아대학교 한국 총동창회장
1998-2007 외무부/외교통상부 정책자문위원장,
1999-2019 사단법인 북한민주화네트워크 이사장
2006.3.23. 유럽연합(EU) 의회 청문회에서 북한 인권 상황관련 증언
2002-2012 사단법인 바른사회시민회의 공동대표
2008-2012 대통령자문 통일고문회의 고문
2010-2012 사단법인 4월회 회장
2013-2024 사단법인 4월회 상임고문

남남(南南)갈등의 한국정치

1판 1쇄 인쇄 2024년 8월 30일
1판 1쇄 발행 2024년 9월 9일

지은이 : 유세희
발　행 : 홍기표
인　쇄 : 정우인쇄
디자인 : 이소영

글통 출판사 출판 등록 2011년 4월 4일(제319-2011-18호)
facebook.com/geultong
e메일 geultong@daum.net
팩 스 02-6003-0276
ISBN 979-11-85032-97-9

가격 : 20,000원

* 잘못된 책은 서점에서 바꿔드립니다.